"十四五"职业教育国家规划教材

汽车电气设备构造与维修

第 3 版

主　编　王升平　杨　乐　胡　胜

副主编　薛成文　王小京　屈红霞

参　编　张忠安　李登高　任立松　熊陈军　陈　焱

主　审　张志强

机械工业出版社

本书是"十四五"职业教育国家规划教材。

本书根据教育部职业院校汽车运用与维修专业教学指导方案、国家职业标准汽车维修工四级标准中的汽车电气设备维修典型工作任务，结合 1+X 证书制度汽车专业领域职业技能等级证书标准的要求，在第 2 版的基础上修订而成。

本书主要内容包括汽车电气基础知识、电源系统的拆装与检修、起动系统的拆装与检修、点火系统的拆装与检修、照明和信号系统的故障检测与排除、仪表和报警系统的检测与维护、汽车辅助电器的拆装与检修和识读汽车电路图。

本书可作为职业院校汽车类专业教材，也可作为对口升高职的考试用书，还可以作为在职人员培训用书。

为了便于学生自学和教师教学，本书配有免费电子课件、电子版工作页、相关动画视频和习题答案。另外，本书还嵌入了大量二维码，用手机扫码便可观看相关视频与动画。凡选用本书作为授课教材的教师，均可登录 www.cmpedu.com，以教师身份注册下载教学资源。咨询电话：010-88379201。

图书在版编目（CIP）数据

汽车电气设备构造与维修／王升平，杨乐，胡胜主编. -- 3 版. -- 北京：机械工业出版社，2025. 5.
（"十四五"职业教育国家规划教材）. -- ISBN 978-7-111-78187-5

Ⅰ. U472. 41

中国国家版本馆 CIP 数据核字第 2025TC8245 号

机械工业出版社（北京市百万庄大街 22 号　邮政编码 100037）
策划编辑：于志伟　　　　　　责任编辑：于志伟
责任校对：梁　园　张　征　　封面设计：鞠　杨
责任印制：任维东
河北鹏盛贤印刷有限公司印刷
2025 年 6 月第 3 版第 1 次印刷
184mm×260mm · 11. 25 印张 · 307 千字
标准书号：ISBN 978-7-111-78187-5
定价：50. 00 元

电话服务　　　　　　　　　　网络服务
客服电话：010-88361066　　机　工　官　网：www.cmpbook.com
　　　　　010-88379833　　机　工　官　博：weibo.com/cmp1952
　　　　　010-68326294　　金　书　网：www.golden-book.com
封底无防伪标均为盗版　机工教育服务网：www.cmpedu.com

关于"十四五"职业教育
国家规划教材的出版说明

为贯彻落实《中共中央关于认真学习宣传贯彻党的二十大精神的决定》《习近平新时代中国特色社会主义思想进课程教材指南》《职业院校教材管理办法》等文件精神，机械工业出版社与教材编写团队一道，认真执行思政内容进教材、进课堂、进头脑要求，尊重教育规律，遵循学科特点，对教材内容进行了更新，着力落实以下要求：

1. 提升教材铸魂育人功能，培育、践行社会主义核心价值观，教育引导学生树立共产主义远大理想和中国特色社会主义共同理想，坚定"四个自信"，厚植爱国主义情怀，把爱国情、强国志、报国行自觉融入建设社会主义现代化强国、实现中华民族伟大复兴的奋斗之中。同时，弘扬中华优秀传统文化，深入开展宪法法治教育。

2. 注重科学思维方法训练和科学伦理教育，培养学生探索未知、追求真理、勇攀科学高峰的责任感和使命感；强化学生工程伦理教育，培养学生精益求精的大国工匠精神，激发学生科技报国的家国情怀和使命担当。加快构建中国特色哲学社会科学学科体系、学术体系、话语体系。帮助学生了解相关专业和行业领域的国家战略、法律法规和相关政策，引导学生深入社会实践、关注现实问题，培育学生经世济民、诚信服务、德法兼修的职业素养。

3. 教育引导学生深刻理解并自觉实践各行业的职业精神、职业规范，增强职业责任感，培养遵纪守法、爱岗敬业、无私奉献、诚实守信、公道办事、开拓创新的职业品格和行为习惯。

在此基础上，及时更新教材知识内容，体现产业发展的新技术、新工艺、新规范、新标准。加强教材数字化建设，丰富配套资源，形成可听、可视、可练、可互动的融媒体教材。

教材建设需要各方的共同努力，也欢迎相关教材使用院校的师生及时反馈意见和建议，我们将认真组织力量进行研究，在后续重印及再版时吸纳改进，不断推动高质量教材出版。

机械工业出版社

前言

本书根据教育部职业院校汽车运用与维修专业教学指导方案、国家职业标准汽车维修工四级标准中的汽车电气设备维修典型工作任务，结合1+X证书制度汽车专业领域职业技能等级证书标准的要求，在第2版的基础上修订而成。本次修订把工匠精神、创新精神、绿色环保、安全第一、科技报国的家国情怀和使命担当融入每一个项目和每一课中。

本书深入贯彻党的教育方针，落实党的二十大精神，加入了汽车电气设备维修过程中有关的职场健康与安全的内容，以培养学生职场健康与安全方面的必备职业素养，为以后的职业生涯奠定良好的基础。本书充分考虑汽车电气设备维修以换件为主的修理特点，在编写内容的组织上更加注重知识的实用性和可操作性，课后习题丰富全面，适用于高职对口考试。本书具有以下特色：

1. 提供立体化的课程解决方案。本书嵌入了多处二维码视频与动画，把汽车电气设备主要零部件的拆装步骤和相关工作原理更加生动、形象地展现出来，以方便教师的教学和加深学生对相关知识的理解。本书提供免费课程资源包，以方便教师教学。

2. 知识体系科学。本书主要内容"电源系统，起动系统，点火系统，照明、信号、仪表、警报系统，辅助电气设备"和汽车制造厂提供的汽车使用维修资料一致。

3. 本书内容与时俱进。本书尽量反映当前汽车电气设备的新知识、新技术，检修的新工艺、新方法。如一键起动、电动座椅、电动车外后视镜、电动车窗、中控门锁、电子防盗系统与钥匙匹配、倒车雷达、倒车影像和抬头显示仪表等知识均有讲述，还介绍了用汽车故障诊断仪检测电子系统的方法。

4. 紧跟高职对口升学考试的要求。本次修订按高职对口升学考试的要求，增加了单项选择题的题量，并对各项目其他习题进行了精选和优化。

本书学时分配建议如下表：

项目	内容	理论学时	实训学时	项目学时
一	汽车电气基础知识	6	6	12
二	电源系统的拆装与检修	7	11	18
三	起动系统的拆装与检修	8	7	15
四	点火系统的拆装与检修	9	6	15
五	照明和信号系统的故障检测与排除	8	4	12
六	仪表和报警系统的检测与维护	9	6	15
七	汽车辅助电器的拆装与检修	10	15	25
八	识读汽车电路图	4	4	8
总学时				120

参加本书编写的人员有的来自教学一线，有的来自汽车维修行业，他们都具有丰富的教学及

实践经验。在编写过程中，本书力求"以职业活动为导向，以能力为本位，以学生为中心"实现"做中学，做中教"，编写风格采用"理实一体化"，注重理论与实践、案例等相结合。

本书由王升平、杨乐、胡胜担任主编，薛成文、王小京、屈红霞担任副主编，参加编写的还有张忠安、李登高、任立松、熊陈军、陈焱，全书由张志强担任主审。另外，重庆宝渝汽车销售服务有限公司机电维修技师周海龙负责本书典型工作任务的确定，重庆望江机械制造厂机电维修高级技师范钦德负责本书知识性内容的检查，在此表示衷心感谢。在本书的编写过程中，编者参考了大量国内外资料，在此向相关作者表示衷心的感谢。

由于编者水平和经验有限，书中难免有错误和不妥之处，敬请广大读者批评指正。对本书有任何意见和建议，可发送信息至 1872630618@ qq. com。

编　者

目　录

项目一　汽车电气基础知识

学习目标

知识目标
1. 能够识别电气设备在车上的位置。
2. 掌握汽车电气系统故障的常用诊断方法。

技能目标
1. 学会汽车电气系统检修工具与仪表的使用。
2. 学会检测与更换汽车电器的基础元件。

情感目标
培养严谨认真、精益求精的意识，争做大国工匠和高技能人才。

典型工作任务

1. 查找电气设备在车上的位置。
2. 拆装继电器并检测。
3. 拆装点火开关并检测。
4. 检测二极管和热敏电阻器。
5. 使用汽车故障诊断仪。

知识准备

第一课　汽车电气系统基础元件

一、汽车电气设备的组成

汽车电气设备是汽车上非常重要的一个组成部分，它由电源系统、用电设备和配电装置三部分组成，如图 1-1 所示。

二、汽车电气系统的特点

1. 两个电源

两个电源是指蓄电池和发电机，如图 1-2 所示。蓄电池是辅助电源，在汽车未运转时向有关用电设备供电；发电机是主电源，当发动机运转到一定转速后，发电机转速达到规定的发电转速，开始向有关用电设备供电，同时对蓄电池进行充电。两者互补可以有效地使用电设备在不同情况下都能正常地工作，同时也延长了蓄电池的供电时间。

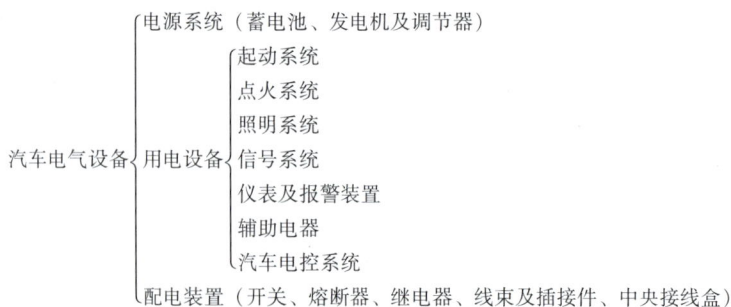

汽车电气设备
- 电源系统（蓄电池、发电机及调节器）
- 用电设备
  - 起动系统
  - 点火系统
  - 照明系统
  - 信号系统
  - 仪表及报警装置
  - 辅助电器
  - 汽车电控系统
- 配电装置（开关、熔断器、继电器、线束及插接件、中央接线盒）

图 1-1　汽车电气设备的组成

图 1-2　两个电源

2. 单线制

单线制是指利用汽车发动机、底盘和车身等金属机体作为各种用电设备的共用导线（俗称为搭铁），而用电设备到电源只需另设一根导线，如图 1-3 所示。任何一个电路中的电流都是从电源的正极出发，经导线流入用电设备后，通过金属机体流回电源负极而形成回路。

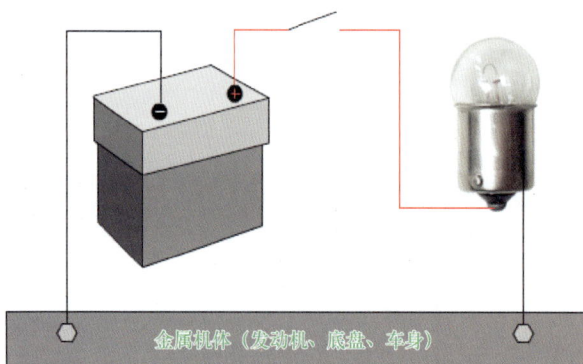

图 1-3　单线制

采用单线制不仅可以节省材料（铜导线），使电路简化，而且便于安装和检修，降低故障率。但在一些不能形成可靠的电气回路或需要精确电子信号的回路，需要采用双线制（既有正极线又有负极线）。

3. 负极搭铁

搭铁就是采用单线制时，将蓄电池的一个电极用导线连接到发动机、底盘或车身等金属机体上，如图 1-4b 所示。蓄电池搭铁电缆有两种，一种外形同起动电缆，覆有绝缘层；另一种则是由铜丝编织成的扁形软导线，不带绝缘层，如图 1-4a 所示。若蓄电池的负极连接到金属机体上，称为负极搭铁；反之，若蓄电池的正极连接到金属机体上，称为正极搭铁。我国标准中规定汽车电器必须采用负极搭铁。目前，世界各国生产的汽车也大多采用负极搭铁方式。

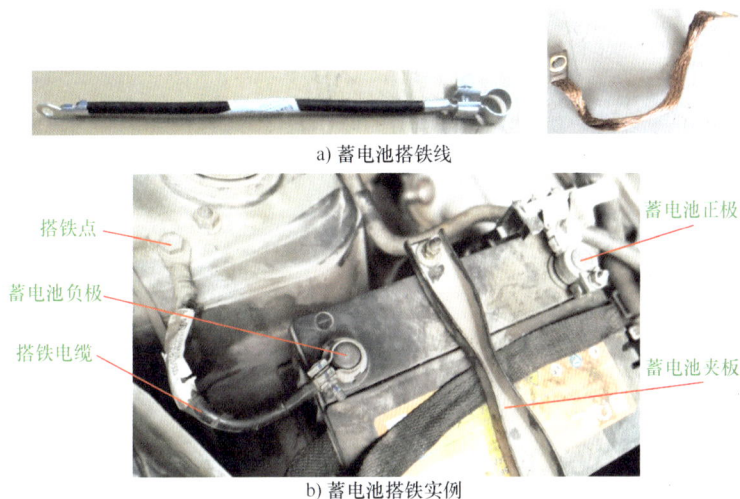

a) 蓄电池搭铁线

b) 蓄电池搭铁实例

图 1-4　蓄电池搭铁

4. 低压直流

由于蓄电池为直流电源，所以汽车电气系统采用直流电。根据《汽车电气设备基本技术条件》规定，汽车电器产品标称电压规定为 6V、12V、24V（指用电器分别能在 5.5～7.5V、11～15V、22～30V 范围内正常工作，相配套的发电机调节器额定电压为 7V、14V、28V）三种。柴油车大多采用 24V 直流电压供电，汽油车大都采用 12V 直流电压供电。

5. 用电设备并联

用电设备并联是指汽车上的各种用电设备都采用并联方式与电源连接，每个用电设备都由各自串联在其支路中的专用开关控制，互不产生干扰，如图 1-5 所示。

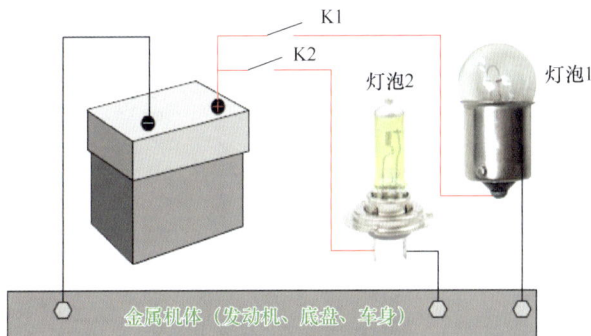

图 1-5　用电设备并联

三、汽车电器的基础元件

汽车电器的基础元件主要是指导线、保险装置、继电器、各种开关、插接器、电阻、电容器、电感、二极管和晶体管等，它们是汽车电路的基本组成部分。

1. 导线

汽车用导线有高压导线和低压导线两种，都采用铜质多丝软线。

（1）高压导线 高压导线用来连接点火线圈和火花塞（或分电器），它分为普通铜芯线和阻尼线，如图1-6所示。带阻尼的高压导线可抑制和衰减点火系统产生的高频电磁波，降低对无线电设备及电控装置的干扰。

（2）低压导线 低压导线包括普通导线（铜质多丝线）、起动电缆和搭铁电缆。

1）导线颜色。各国汽车厂商在电路图上多以字母来表示导线外皮的颜色及其条纹的颜色。根据我国《汽车拖拉机电线颜色选用规则》的规定，低压电路的导线在选配时习惯采取两种选用原则，即以单色线为基础的选用和以双色线为基础的选用，如图1-7所示。

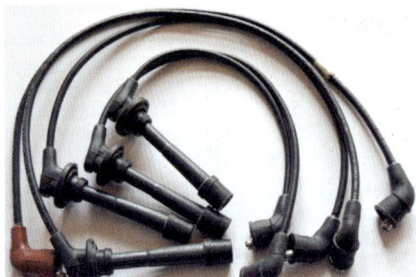

图1-6　高压导线

a) 单色线　　b) 双色线

图1-7　低压导线

汽车用单色低压导线的颜色与代号见表1-1。

表1-1　汽车用单色低压导线的颜色与代号

序号	1	2	3	4	5	6	7	8	9	10
颜色	黑	白	红	绿	黄	棕	蓝	灰	紫	橙
代号	B	W	R	G	Y	Br	BL	Gr	V	O

我国和美国汽车以黑色导线作为搭铁导线，德系大众汽车以棕色导线作为搭铁导线，日系丰田汽车以白色带黑条导线作为搭铁导线，如图1-8所示。掌握了这些特点有助于在电路维修中很方便地解决问题。

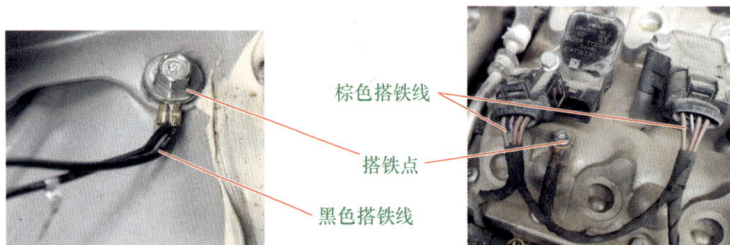

棕色搭铁线

搭铁点

黑色搭铁线

图1-8　搭铁导线的颜色

汽车用双色低压导线颜色的搭配与代号见表1-2。1.5RB表示截面面积为1.5mm²、带有黑色条纹的红色低压导线。

表 1-2　汽车用双色低压导线颜色的搭配与代号

序号	1	2	3	4	5	6
	B	BW	BY	BR		
	W	WR	WB	WBL	WY	WG
	R	RW	RB	RY	RG	RBL
导线颜色	G	GW	GR	GY	GB	GBL
	Y	YR	YB	YG	YBL	YW
	Br	BrW	BrR	BrY	BrB	
	BL	BLW	BLR	BLY	BLB	BLO
	Gr	GrR	GrYL	GrBb	Grb	GrB

汽车各用电系统双色低压导线主色的规定见表 1-3。

表 1-3　汽车各用电系统双色低压导线主色的规定

序号	用电系统名称	电线主色	代号
1	电源系统	红	R
2	点火和起动系统	白	W
3	前照灯、雾灯及外部灯光照明系统	蓝	BL
4	灯光信号系统（包括转向指示灯）	绿	G
5	车身内部照明系统	黄	Y
6	仪表及报警指示系统和喇叭系统	棕	Br
7	收放音机、电子钟、点烟器等辅助装置	紫	V
8	各种辅助电动机及电气操作系统	灰	Gr
9	电气装置搭铁线	黑	B

导线标称截面面积是经过换算而统一规定的线芯截面面积，不是线芯的几何面积，也不是各股线芯几何面积之和。为了保证连接导线的机械强度，连接导线的截面面积最小不得低于 $0.5\,mm^2$。低压导线的截面面积主要是根据用电设备的工作电流大小来选择，汽车 12V 电气系统主要电路导线标称截面面积的推荐规格见表 1-4。

表 1-4　汽车 12V 电气系统主要电路导线标称截面面积的推荐规格

导线标称截面面积/mm^2	用途
0.5	尾灯、顶灯、指示灯、仪表灯、牌照灯、燃油表、冷却液温度表等电路
0.8	转向灯、制动灯、停车灯等电路
1.0	前照灯、电喇叭（3A 以下）电路
1.5	前照灯、电喇叭（3A 以上）电路
1.5~4.0	其他 5A 以上的电路
4~6	柴油机电热塞电路
6~25	电源电路
16~95	起动机电路

2）线束。汽车用低压导线除了蓄电池导线外，都用棉纱编织带或塑料带包扎成束，称为线束，如图 1-9 所示。整车主线束一般分为发动机舱线束、仪表板线束、车门线束和车后部线束等。

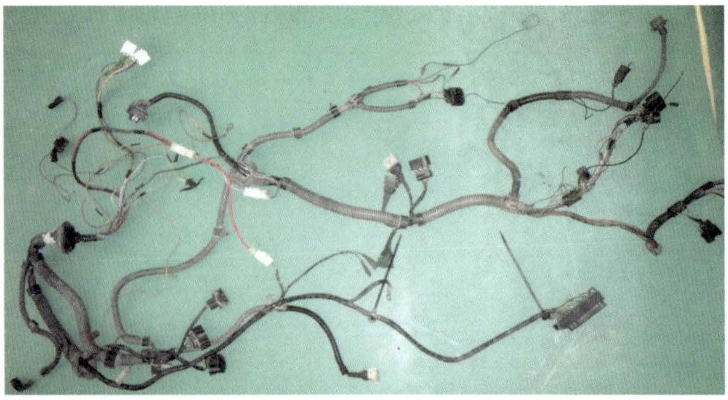

图1-9　汽车线束

职场健康与安全：

在维修汽车电路时，要严格按照维修手册中的相关规定、标准和程序，切记不要随便连接、更换或替代出现问题的导线，随意篡改和加接导线，因为这样容易引起导线过热，发生火灾，是十分危险的。

2. 保险装置

汽车电路保险装置主要有熔断器、易熔线和断路器。

1）熔断器。熔断器也称为熔丝，俗称保险丝，在电路中起保护作用，如图1-10a所示。拆卸时用专用工具取出，如图1-10b所示。维修时可用汽车测电笔分别检测两个"测试点"是否有电，从而判断熔丝是否熔断。

测试点

a) 熔断器的实物 　　　　　　　　　　　b) 熔断器夹

图1-10　熔断器

当电路中流过电流超过规定的最大电流时，熔丝自身发热而熔断，切断电路，以防止烧坏电路连接导线和电气设备，把故障限制在最小范围内。通常情况下，熔断器集中安装，即将很多熔断器组合在一起安装在熔断器盒内，并在熔断器盒盖上注明各熔断器的名称、额定容量和位置，如图1-11所示。

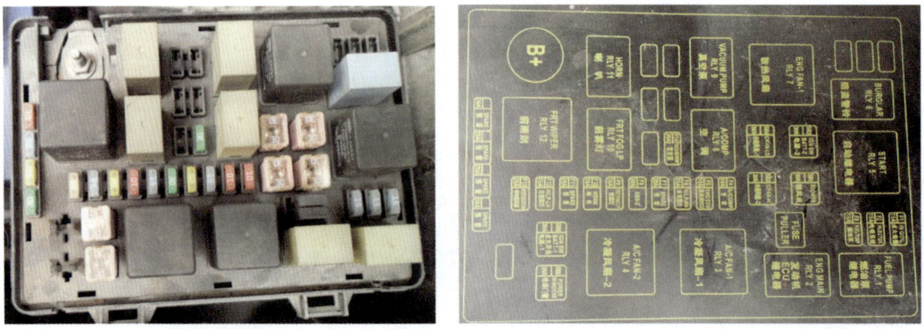

图1-11　熔断器盒及盒盖

职场健康与安全：
① 熔断器熔断后，必须查明原因，彻底排除故障。
② 更换熔断器时一定要与原规格相同。
③ 安装时要保证熔断器与熔断器支架接触良好。

2）易熔线。易熔线是一种大容量的熔断器，用于保护电源电路和大电流电路。汽车一般有五处用到易熔线，分别是充电电路、灯光、雾灯、预热加热器和辅助装置电路。易熔线主要应用于蓄电池的正极上，如图1-12所示。

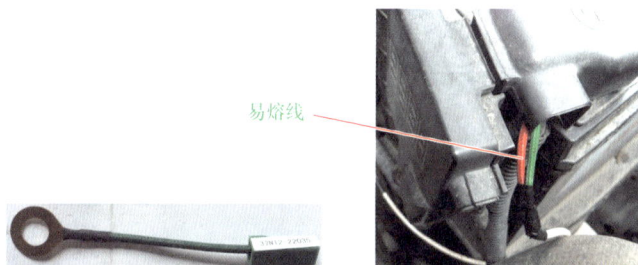

易熔线

图1-12 易熔线

3）断路器。断路器通过断开电路和截断电流，以防止导线和电子元件过热和可能因此而造成的火灾，在电路中用于防止有害的过载（额外的电流）。断路器是机械装置，它利用两种不同金属（双金属）的热效应断开电路，如图1-13所示。如果额外的电流经过双金属片，就会使双金属片弯曲，触点断开，从而阻止电流通过。当无电流时，双金属片冷却而使触点再次闭合，断路器重新复位。

触点

双金属片

a）触点闭合   b）触点断开

图1-13 自恢复式断路器

汽车前照灯电路就应用了断路器，当前照灯电路中任何地方发生短路或搭铁时，都会引起额外的电流，并会因此断开电路。在夜晚突然失去前照灯是非常危险的，可是断路器在断开电路后又会迅速闭合电路，从而避免了电路过热，也提供了充足的电流，以保持至少部分前照灯能够工作。

3. 继电器

继电器是一种利用小电流来控制大电流电路的电磁开关，其在汽车上的典型应用见表1-5。

表1-5 继电器在汽车上的典型应用

部位	部件名称
发动机	起动继电器、燃油泵继电器、自动熄火继电器
底盘	离合器开关继电器、ABS（防抱死制动系统）电磁阀继电器、电动回液泵继电器
电气设备	喇叭继电器、灯光继电器、空调压缩机离合器继电器
车身	高度控制继电器

汽车上大部分继电器会和其他部件（如熔断器）集中安装在熔断器盒中，熔断器盒一般安装在发动机舱内、踢脚板后面或仪表板下面，也有安装在后排座椅下和行李舱内的，在熔断器盒盖上详细标有各继电器和熔断器的位置及作用说明，如图1-11所示。

继电器分为常开继电器、常闭继电器和混合继电器三种，如图1-14所示。无论哪种型号的继电器，其工作原理都是一样的。如图1-14a所示的常开继电器，继电器有两个电路，一个是控制电路，另一个是负载电路，控制电路有一个线圈控制负载电路中触点的开闭。当给控制电路中的线圈（1、2端子）接通电流后，就会产生一个磁场，该磁场将衔铁吸向铁心，使触点闭合，从而接通负载电路。当切断控制电路中的电流后，磁场消失，负载电路中的触点在弹簧力的作用下恢复原位（断开状态）。这样，就可以实现以小电流控制大电流。

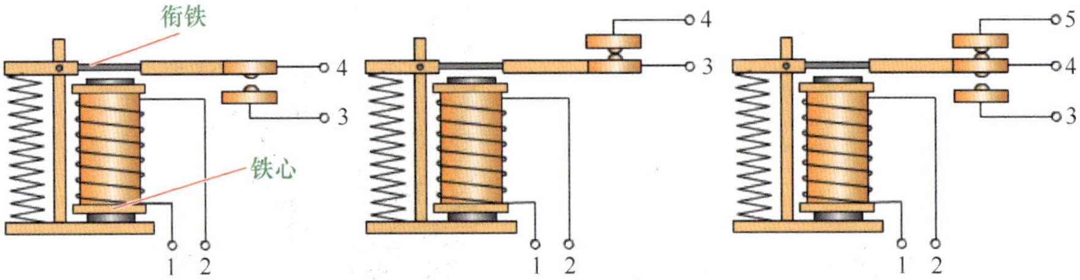

a) 常开继电器   b) 常闭继电器   c) 混合继电器

图1-14　继电器

继电器根据不同的需要，有3端子、4端子和5端子等，图1-15所示为4端子继电器。

a) 电路图   b) 端子   c) 内部结构

图1-15　4端子继电器

图1-15b所示的4端子继电器，可以将端子85接通电源，将端子86搭铁。如果在控制电路（线圈）通电的同时，能听到"咔嗒"声，说明线圈良好。此时检测端子30和端子87之间的电阻，如果为0，说明继电器良好，如果不为0，说明继电器存在高电阻故障；如果在控制电路（线圈）通电的同时听不到"咔嗒"声，说明控制电路（线圈）损坏，应更换继电器。

> **职场健康与安全：**
> 许多继电器内部接有二极管和电阻，测试有二极管的继电器时要特别注意，不能接反电源的极性，否则会损坏继电器。测试复杂的继电器时，要参阅相关资料，确认继电器的内部结构，按正确程序测试。

4. 开关

为了方便、有效地控制各用电设备的工作，汽车电路中安装了许多开关。汽车上电气控制开关种类较多，如点火开关、灯光组合开关、刮水器及洗涤器开关、转向灯开关、空调开关、车窗玻璃升降开关和后视镜调节开关等，不同的开关控制不同的用电设备。

1）点火开关。点火开关主要用来控制点火电路、发电机磁场电路、仪表电路、起动继电器电路以及一些辅助电器等，如图 1-16 所示，一般都具有自动复位的起动档位，并配有钥匙，以备停车时锁住转向盘。点火开关的接线端子有插片式和接线柱式两种。

常用的点火开关是四接线柱式，四个接线柱的连接情况和工作档位关系见表 1-6。1 号接线柱为电源相线（BAT），2 号接线柱接点火系统（IG），3 号接线柱接辅助电器（ACC），4 号接线柱接起动电路（START）。

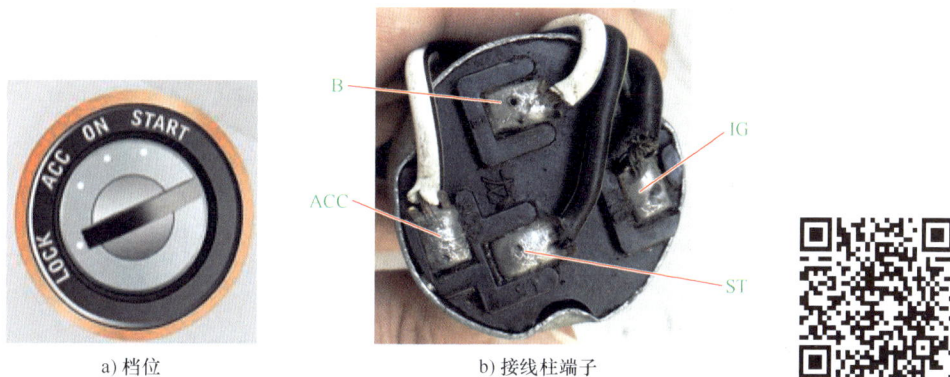

a) 档位　　　　　　　　　　　　b) 接线柱端子

图 1-16　点火开关

表 1-6　四个接线柱的连接情况和工作档位关系

档位	接线柱			
	1 BAT	2 IG	3 ACC	4 START
	通断			
LOCK	○			
ACC	○		○	
ON	○	○	○	
START	○	○		○

点火开关 LOCK（或 OFF）档是断开位置，1 号接线柱和其他接线柱断开；ACC 档是辅助电器位置，1 号接线柱和 3 号接线柱接通，只为音响等提供电源；ON 档是发动机正常工作位置，1 号接线柱和 2 号、3 号接线柱接通，为点火电路、发电机磁场电路、仪表电路和辅助电器等提供电源；START 档是起动位置，1 号接线柱和 2 号、4 号接线柱接通，为点火电路、发电机磁场电路、仪表电路和起动电路等提供电源，切断与起动无关的音响和辅助电器等电路，改善起动性，该档位具有自动复位功能。

2）灯光组合开关。在一部分汽车上照明灯光和信号灯光采用组合开关控制，即前示位灯、前照灯、变光、转向和会车闪光等都用一个开关控制。常见的是旋转式组合开关，大多数安装在转向盘左下方转向柱上，用左手操纵，如图 1-17 所示。

3）刮水器及洗涤器开关。洗涤器是向风窗玻璃上喷水，而刮水器是将风窗玻璃刮拭干净，确保驾驶人有良好的视线。刮水器及洗涤器开关一般安装在转向盘右下方，如图 1-18 所示。

5. 插接器

插接器就是通常所说的插头和插座，用于传感器、执行器、控制单元与线束、线束与线束或导线与导线之间的相互连接，使之构成一个完整的电气系统。为了防止插接器在汽车行驶过程中脱开，所有的插接器均采用闭锁装置。常用的插接器拆卸方法如图 1-19 所示。

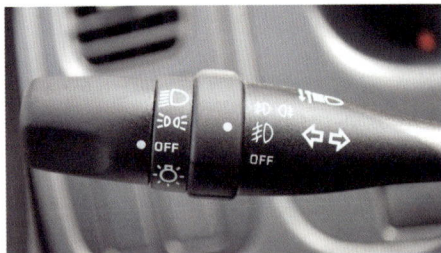

图1-17 灯光组合开关

图1-18 刮水器及洗涤器开关

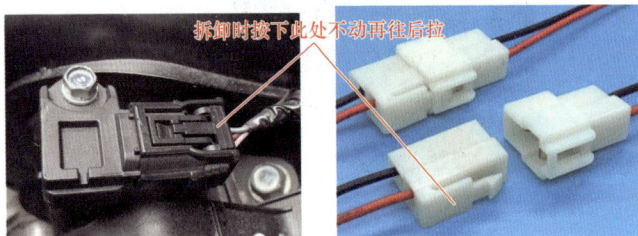

图1-19 常用的插接器拆卸方法

维修中如需要更换导线或取下插接器接线端子，应先把插头和插座分开，然后用专用工具（或小螺钉旋具）插入插头或插座尾部的线孔内，撬起接线端子的锁紧凸缘，并将电线从后端拉出，如图1-20所示。

图1-20 拆卸接线端子

新接线端子安装前，首先应检查接线端子的锁紧凸缘是否正常，如不正常可按图1-21所示的方法进行调整。

安装时，将带接线端子的导线推入，直至接线端子被锁住为止，然后向后拉动导线，以确认是否锁紧，如图1-22所示。

6. 电阻

电阻是汽车控制电路中使用最多的基本元件之一，其主要用途是稳定和调节电路中的电流及电压，图1-23所示为色环电阻。汽车电路中使用的特殊功能电阻有可变电阻、热敏电阻和压敏电阻三种。

可变电阻也叫作电位器，通常由电阻体和滑动系统组成，一般具有三个引出端，如图1-24所示。在汽车电路中，可变电阻主要用作位置传感器，如节气门位置传感器、加速踏板位置传感器等，如图 1-25 所示。

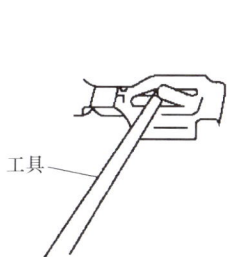

图 1-21　调整接线端子锁紧凸缘

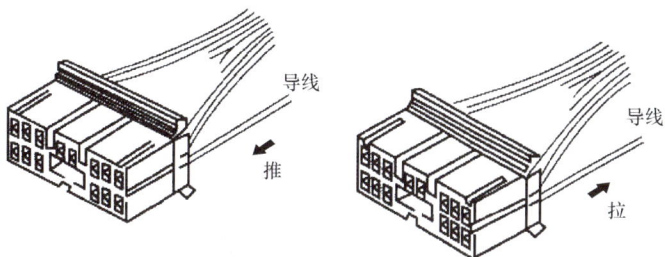

图 1-22　安装接线端子

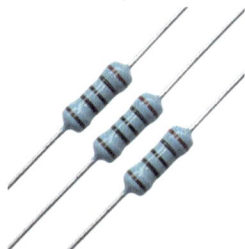

图 1-23　色环电阻

图 1-24　可变电阻

a) 节气门位置传感器

b) 加速踏板位置传感器

图 1-25　可变电阻在汽车电路中的应用

电阻值随温度升高而减小的电阻称为负温度系数热敏电阻。在汽车电路中，它主要用作检测温度的传感器，如进气温度传感器、冷却液温度传感器等，如图 1-26 所示。

压敏电阻即阻值随着压力变化而改变的一种电阻。图 1-27 所示的发动机进气歧管压力传感器就使用了压敏电阻，其作用是检测节气门后方进气歧管的绝对压力，它根据发动机转速和负荷的大小检测出进气歧管内绝对压力的变化，然后转换成信号电压送至电控单元（ECU），电控单元依据此信号电压的高低，控制基本喷油量的大小。

图 1-26　进气温度传感器

图 1-27　进气歧管压力传感器

7. 电容器

电容器简称电容，它是储存电量和电能的元件，如图 1-28 所示。电容器是由两块金属电极之间夹一层绝缘电介质构成的，用字母 C 表示。当在两金属电极间加上电压时，电极上就会储存电荷，所以电容器是储能元件。任何两个彼此绝缘又相距很近的导体都构成一个电容器。在直流电路中，电容器是相当于断路的。

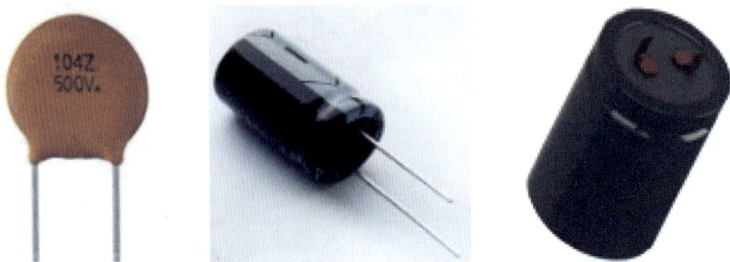

图 1-28　电容器

8. 电感元件

电感元件简称电感，它是一种能够储存磁场能的电子元件，又称为电感线圈，如图 1-29 所示。电感具有通直流阻交流、通低频阻高频的特性，主要用于调谐、振荡、耦合、滤波等电路中。

图 1-29　电感元件

9. 二极管

晶体二极管简称二极管，它和晶体三极管一样都是由半导体材料制成的一种电子器件。二极管是一个由 P 型半导体和 N 型半导体烧结而成的 PN 结界面，具有两个电极的装置。电流只允许由单一方向流过，称为晶体二极管的单向导电特性。许多应用就是利用其整流的功能，如图 1-30 所示。

图 1-30　汽车交流发电机整流二极管

10. 晶体管

晶体三极管简称晶体管，是半导体基本元器件之一，是电子电路的核心元件。晶体管有基极（B）、集电极（C）和发射极（E）三根引脚，各引脚不能相互代用，如图 1-31 所示。晶体管是在一块半导体基片上制作两个相距很近的 PN 结，两个 PN 结把整块半导体分成三部分：中间部分是基区，两侧部分是发射区和集电区。排列方式有 PNP 型和 NPN 型两种。晶体管的作用是把微弱信号放大成幅度值较大的电信号（具有电流放大作用），也用作无触点开关。

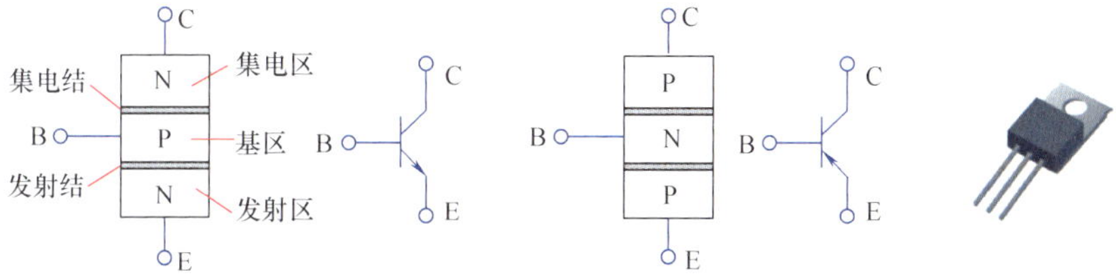

a) NPN 型　　　　　　　　　　b) PNP 型　　　　　　　　c) 实物图

图 1-31　晶体管

四、汽车电路中的图形符号

汽车电气图形符号分为常用基本符号、导线端子和导线连接符号、触点开关符号、电气元件符号、仪表符号、传感器符号和电气设备符号。汽车电气常用图形符号见表 1-7。

表 1-7　汽车电气常用图形符号

序号	名称	图形符号	序号	名称	图形符号
1	直流	—	15	插头和插座	
2	交流	~	16	电阻器	
3	正极	+	17	导线分支连接	
4	负极	–	18	导线交叉连接	
5	交流发电机输出接线柱	B_+	19	导线的跨越	
6	磁场二极管输出端	D_+	20	线圈、绕组	
7	中性点	N	21	二极管	
8	磁场	F	22	NPN 型晶体管	
9	搭铁		23	电压表	Ⓥ
10	熔断器		24	电流表	Ⓐ
11	易熔线		25	灯泡	⊗
12	断路器		26	蓄电池	
13	插座的一个极		27	电容器	
14	插头的一个极		28	热敏电阻器	

第二课　检修工具和仪表的使用

一、汽车测电笔

1. 汽车测电笔的认识

汽车测电笔也称为汽车试电笔或试灯，是汽车机电工在进行汽车电器加装、电路改装和维修等活动中常用的一种电路检测工具，如图 1-32 所示。它用于检测汽车电路中的被测试点是否有电，精确测量还需要使用万用表。

2. 汽车测电笔的使用

1）如果用灯泡作为指示灯，汽车测电笔在使用时没有正负极之分，只要探针与夹子之间有额定工作电压，灯泡就会亮。汽车机电工使用灯泡的较多。

2）如果用 LED（发光二极管）作为指示灯，由于发光二极管的额定工作电压较低，必须串联电阻才能使用。

如果有两个发光二极管反向并联，汽车测电笔在使用时没有正负极之分。

如果只有一个发光二极管，汽车测电笔在使用时有正负极之分，反过来使用发光二极管就不亮了。

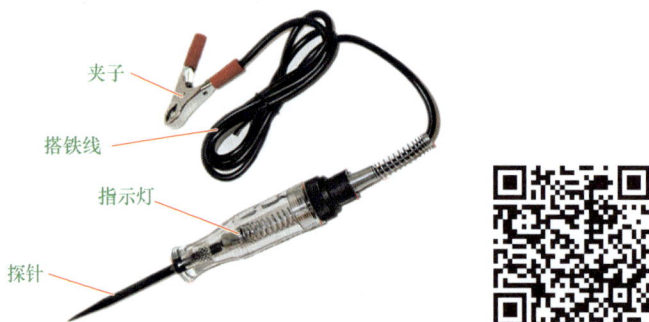

夹子
搭铁线
指示灯
探针

图 1-32　汽车测电笔

用汽车测电笔检查电路短路故障，如图 1-33 所示。当电路发生短路时，熔断器已熔断，可将汽车测电笔直接接入熔断器的位置，并按图中标注的序号①→②→③依次拔下插接器，直到灯灭为止，便可迅速查找到电路中的短路处。

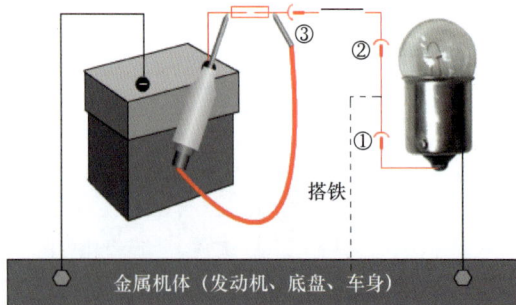

③
②
①
搭铁
金属机体（发动机、底盘、车身）

图 1-33　用汽车测电笔检查电路短路故障

用汽车测电笔检查电路断路故障，如图 1-34 所示。当电路发生断路时，用电器无法工作。可将汽车测电笔搭铁端搭铁，用探针分别接触①→②→③处插接器，查看测试灯不亮或亮，即可判断电路断路的位置。

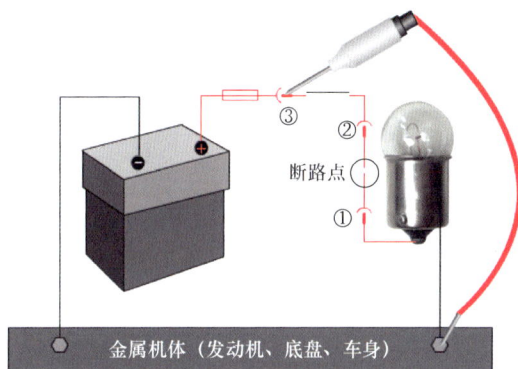

断路点

金属机体（发动机、底盘、车身）

图 1-34　用汽车测电笔检查电路断路故障

职场健康与安全：

　　汽车测电笔有 6V、12V 和 24V 三种，使用时应注意选择。汽车测电笔用灯泡作为指示灯时，不能用于测量电控系统；汽车测电笔用发光二极管作为指示灯时，才能测量电控系统。

二、跨接线

1. 跨接线的认识

简单的跨接线就是一段多股导线，它的两端分别接有鳄鱼夹或不同形式的插头，如图 1-35 所示。

2. 跨接线的使用

跨接线在维修中起一个旁通电路的作用。如某一电气部件不工作，将跨接线连接在被测试部件接线点"−"极与车身搭铁之间，此时若部件工作，说明其搭铁电路断路；如果搭铁电路良好，就将跨接线连接在蓄电池"+"极与被测试部件的电源接线柱之间，此时若部件工作，说明部件电源电路有故障；若部件仍不工作，说明部件有故障，如图 1-36 所示。

三、万用表

1. 万用表的作用及种类

汽车用万用表主要用来检测直流电压、直

图 1-35　跨接线

流电流、交流电压及导线的电阻等参数，还可用来检测转速、闭合角、占空比（频宽比）、频率、压力、时间、电容、电感、半导体元件及温度等。万用表按显示方式的不同分为指针式万用表和数字式万用表，指针式万用表已逐渐被淘汰，如图 1-37 所示。

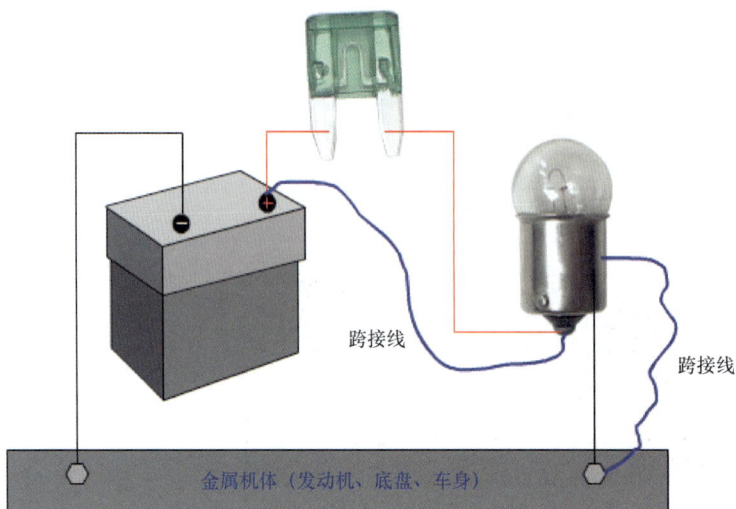

图 1-36　跨接线检测故障

a) 指针式万用表　　　　　　b) 数字式万用表

图 1-37　万用表

职场健康与安全：

　　① 数字式万用表和指针式万用表电阻档的内部电路不同，数字式万用表的正表笔（红色）所接的是内部电源的正极，而指针式万用表正表笔（红色）所接的是内部电源的负极。

　　② 使用数字式万用表检测电阻时，若被测物断路，则万用表显示值为"1"。当被测电阻超过所用量程范围时，万用表显示值也为"1"，此时应换用高档量程（非自动转换的万用表）。

2. 万用表的面板结构

　　DT-181 数字式万用表的面板结构如图 1-38 所示，"V–"表示直流电压档，"V~"表示交流电压档，"A–"表示直流电流档。

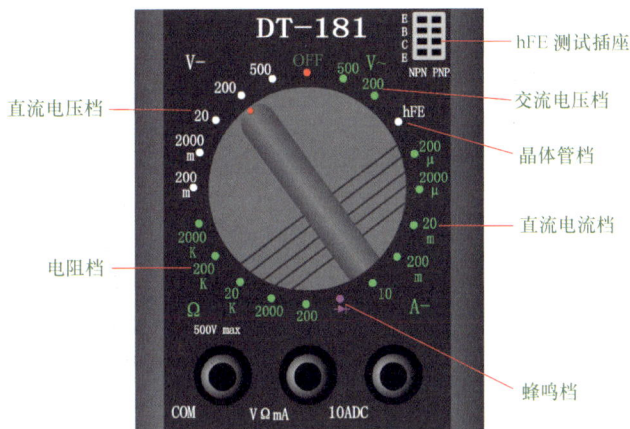

图1-38 DT-181数字式万用表的面板结构

3. DT-181数字式万用表的使用方法

（1）直流电压的测量 以测量汽车蓄电池电压（12V–）为例，测量步骤如下：

1）将黑表笔插进"COM"孔，红表笔插进"VΩmA"孔。

2）把旋钮旋到比估计值大的量程，此处选择"20V–"档，如图1-39所示。

3）把红表笔接触蓄电池正极，黑表笔接触蓄电池负极。

蓄电池电压可以直接从显示屏上读取。

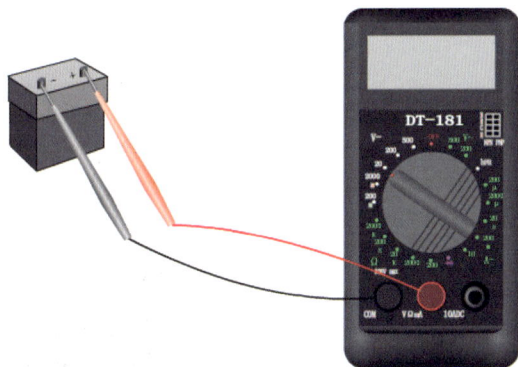

图1-39 汽车蓄电池电压的测量

职场健康与安全：

在万用表测量过程中，若显示为"1."，则表明所选量程太小，那么就要加大量程后再测量。如果在数值左边出现"–"，则表明表笔极性与实际电源极性相反，此时红表笔接的是负极。

（2）交流电压的测量 以测量照明电路电压（220V～）为例，测量步骤如下：

1）将黑表笔插进"COM"孔，红表笔插进"VΩmA"孔。

2）把旋钮旋到比估计值大的量程，此处选择"500V～"档，如图1-40所示。

3）红黑表笔接触电源插孔。因交流电压测量时无正负之分，只要红黑表笔稳定接触即可。

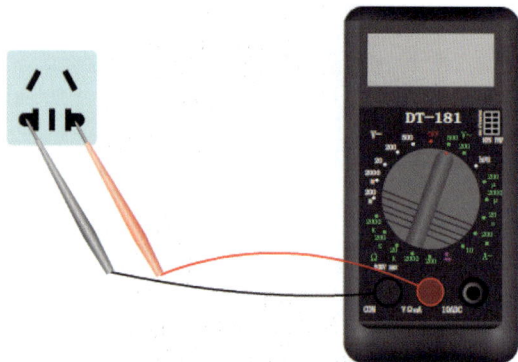

图 1-40 照明电路电压的测量

职场健康与安全：

　　无论测量交流电压还是直流电压，都要注意人身安全，不要随便用手触摸表笔的金属部分。

　（3）电阻的测量　以测量电阻值为 1800Ω 的电阻为例，测量步骤如下：

1）将黑表笔插进"COM"孔，红表笔插进"VΩmA"孔。

2）把旋钮旋到比估计值大的量程，此处选择"2000Ω"档，如图 1-41 所示。

3）把表笔接在待测电阻两端的金属部位。

测量电阻过程中可以用手接触电阻，但不要把手同时接触电阻两端，这样会影响测量的精度。

图 1-41 电阻的测量

职场健康与安全：

　　① 电阻不能带电测量。

　　② 读数时，要保持表笔和电阻良好接触；注意单位：在"200""2000"档时单位是"Ω"，在"20k""200k""2000k"档时单位是"kΩ"，在"2M"以上的单位是"MΩ"。

　（4）二极管的测量　二极管的测量步骤如下：

① 将黑表笔插进"COM"孔，红表笔插进"VΩmA"孔。

② 把旋钮旋到"蜂鸣"档，如图 1-42 所示。

③ 把表笔接在待测二极管两端的金属部位。

测量二极管的正、反向电阻，如果正向电阻小，反向电阻大，说明二极管是好的；若正、反向电阻都很大或都很小，说明二极管是坏的。

图 1-42　二极管的测量

四、汽车故障诊断仪

1. 汽车故障诊断仪的作用

汽车系统出现故障时，故障指示灯点亮，控制模块将故障信息存入存储器。通过汽车故障诊断仪可以将故障码从汽车电控单元里读出，并解析其含义。根据故障码的提示，维修人员能迅速准确地确定故障的原因和部位。

汽车故障诊断仪又称为汽车解码器，它是汽车维修中非常重要的工具，一般具有以下几项或全部的功能：读取故障码，清除故障码，读取发动机动态数据流，示波功能，元件动作测试，匹配、设定和编码等功能，英汉辞典、计算器及其他辅助功能。图 1-43 所示为 KT660 汽车故障诊断仪。

2. 汽车故障诊断仪的种类

汽车故障诊断仪一般可分为两种：一种是针对汽车发动机或电路故障诊断的；另一种是针对车门中控的，主要用于汽车遥控器的匹配与测试检修。

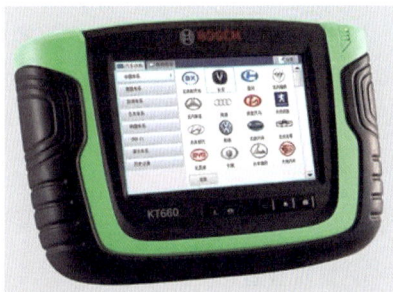

图 1-43　KT660 汽车故障诊断仪

3. 汽车故障诊断仪的使用

汽车故障诊断仪大都随机带有使用手册，按照说明操作即可。一般来说有以下几个步骤：

1）在汽车上找到自诊断座。

2）选用相应的诊断接口。

3）根据车型，进入相应的诊断系统。

4）读取故障码。

5）查看数据流。

6）诊断维修之后清除故障码。

职场健康与安全：

在车辆使用后方可打开故障诊断仪电源，防止因电流过大而损坏设备。

五、示波器

1. 示波器的作用

示波器是一种用途十分广泛的电子测量仪器，如图 1-44 所示。它能把肉眼看不见的电信号变换成看得见的图像，便于人们研究各种电现象的变化过程。利用示波器能观察不同信号幅度随时间变化的波形曲线，还可以用它测试不同的电量，如电压、电流、频率、相位差等。

2. 示波器的应用

汽车上在传感器、执行器与电控单元之间传输的数据信号可分为数字信号和模拟信号两种，用示波器对汽车电控系统中的多种信号进行检测，用波形图的

图 1-44 汽车示波器

方式直观地显示出来。用检测信号波形与标准信号波形进行比较，如果有异常，则表示该信号的控制电路或电子元件本身出现了问题，需要进一步详细检查。

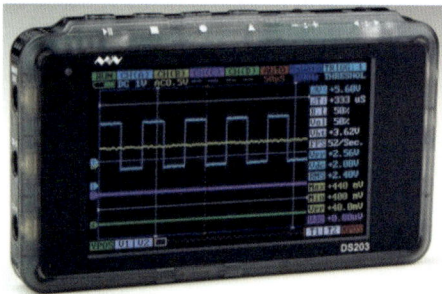

第三课 汽车电气系统故障的诊断与排除方法

一、汽车电气系统的故障种类

汽车电气系统的故障可分为电气设备故障和电路故障两大类。电气设备故障是指电气设备自身丧失其原有机能，包括电气设备的机械损坏、烧毁，电子元件的击穿、老化和性能减退等。在实际使用和维修中，常常因电路故障而造成电气设备故障。电气设备故障有的可以修复，有的只能更换。电路故障包括断路、短路、接触不良或绝缘不良等。这一类故障有时候容易出现一些假象，给故障诊断带来困难。

二、汽车电气系统故障常用诊断方法

1. 直观检查法

直观检查法是检修汽车电器的第一步，也是最简单的一种。通过听、摸、闻、看，对汽车电器进行外观检查，进而判断出故障部位。

2. 检查熔丝法

当汽车电气系统出现故障时，首先应查看熔丝是否完好，有时故障可能就是熔丝烧断或处于保护状态。此时，通过检查熔丝，即能判断故障部位。

3. 短路检查法

汽车电路中出现短路故障，可用短路检查法进行判断，即用跨接线将某段导线或某一电器短接后观察用电设备的工作状态。例如怀疑汽车电路中的开关有故障，可用跨接线将开关短接，来判断开关是否损坏。

4. 测电笔检查法

测电笔检查法就是利用汽车测电笔检查电路中有无短路和断路故障。此方法特别适合于检查不允许直接短路的带有电子元器件的电路。用汽车测电笔检查电路短路和断路故障，此处不再重复叙述。

5. 仪表检查法

仪表检查法就是通过观察汽车仪表板上的电流表、冷却液温度表、燃油表、机油压力表等的指示情况，判断电路中有无故障。例如燃油箱燃油是满的，但燃油表指示为零，则说明燃油表传感器、燃油表或燃油表电路有问题。

6. 搭铁试火法

搭铁试火法又称为刮火法，通常用于判断线束或导线有无断路。拆下用电设备的某一插头对汽车的金属部分搭铁碰试，根据火花的有无，判断是否断路。

高压试火法就是对高压电路进行搭铁试火，观察电火花状况，从而判断点火系统的工作情况，如图1-45所示。具体做法：拆下火花塞，放在气缸盖上，连接好高压线，然后起动发动机，看其跳火情况。火花强烈，说明点火系统工作正常；反之，说明点火系统工作不正常。

图 1-45　高压试火法

> **职场健康与安全：**
>
> 1）试火法不宜用来检查汽车电子电路，避免损坏电子元器件。
> 2）高压试火法试火时间要尽量短，以免损坏电子元器件。

7. 元件替换法

元件替换法就是用一个已知是完好无损、功能正常的零部件来替换怀疑有故障的零部件。例如怀疑1缸火花塞有问题，可换上一个没有问题的火花塞，若故障消失，即可判断故障就是1缸火花塞引起的，换掉火花塞就可以了。

8. 仪器检查法

随着汽车电气设备的日趋复杂，使用一些专用的仪器是十分必要的，如万用表、汽车故障诊断仪和汽车示波器等。用万用表检测电路的电压就非常方便实用，其诊断汽车电气系统故障的理论基础就是$U1 \sim U4$法则，适用于所有的汽车电气电路故障检修。使用此法则的前提条件是确保电路已经接通（未起动发动机），即电路处于工作状态，如图1-46所示。

$U1$：测量蓄电池端电压，即蓄电池负载时正负极接线柱之间的电压，正常情况下该电压在11.5～12.6V范围内。

$U2$：测量用电器（负载）两端的实际电压，正常情况下该电压在10.5～12.6V范围内。

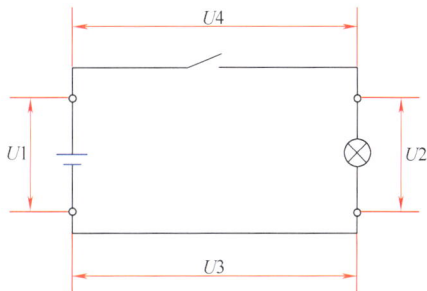

图 1-46　$U1 \sim U4$ 法则

$U3$：测量用电器负极端到蓄电池负极端接线柱之间的电压，正常情况下该电压不应大于0.5V。

$U4$：测量用电器正极端到蓄电池正极端接线柱之间的电压，正常情况下该电压不应大于0.5V。

各分电压$U2$、$U3$和$U4$之和应该等于端电压$U1$，即满足$U1 = U2+U3+U4$。

通过检测$U1$、$U2$、$U3$、$U4$四处电压的大小，即可判断出故障所在部位。

任务实施

任务一　查找电气设备在车上的位置

1. 任务目的描述

1）在老师的指导下，初次识别电气设备在车上的位置。

2）了解各电气设备的作用。

3）能积极主动参与任务，能与小组成员团结协作，能执行实训室"6S"规定。

2. 任务准备

1）知识准备：完成第一课汽车电气系统基础元件的学习。

2）设备准备：汽车、汽车电气设备拆装工量具、演示课件（或操作视频）。

3. 任务步骤

1）老师演示或播放视频：汽车上的电气设备。

2）学生练习查找汽车上的电气设备（或老师演示时同步练习），并完成《汽车电气设备构造与维修工作页》相应部分内容的填写。

4. 任务评价

任务评价内容及标准见表1-8。

表1-8　任务评价内容及标准

序号	项目	操作内容	分值	评分标准	得分
1	准备	清点工量具、清理工位	5分	酌情扣分	
2	查找车上的电气设备	查找电源系统	10分	操作不当扣1～10分	
		查找用电设备	40分	操作不当扣1～40分	
		查找配电装置	20分	操作不当扣1～20分	
3	完成时间	120min	10分	超时1～5min扣1～5分 超时5min以上扣10分	
4	安全文明	无安全隐患，无不文明操作	5分	未达标扣1～5分	
5	结束	工量具清洁归位	5分	漏一项扣1分，未做扣5分	
		工作场地清洁	5分	清洁不彻底扣1～5分，未做扣5分	
	总分		100分		

任务二 拆装继电器并检测

1. 任务目的描述

1）能查找所要检测的继电器在车上的位置。

2）学会继电器的各种检测方法。

3）能积极主动参与任务，能与小组成员团结协作，能执行实训室"6S"规定。

2. 任务准备

1）知识准备：完成第一课汽车电气系统基础元件和第二课检修工具和仪表的使用的学习。

2）设备准备：汽车、汽车电气设备拆装工量具、演示课件（或操作视频）。

3. 任务步骤

1）老师演示或播放视频：拆装继电器并检测。

2）学生练习拆装继电器并检测（或老师演示时同步练习），同时完成《汽车电气设备构造与维修工作页》相应部分内容的填写。

4. 任务评价

任务评价内容及标准见表1-9。

表1-9 任务评价内容及标准

序号	项目	操作内容	分值	评分标准	得分
1	准备	清点工量具、清理工位	5分	酌情扣分	
2	拆卸	从车上拆下继电器	25分	操作不当扣1~25分	
3	检测	检测继电器并判断好坏	25分	操作不当扣1~25分	
4	安装	安装继电器到车上	20分	操作不当扣1~20分	
5	完成时间	40min	10分	超时1~5min 扣1~5分 超时5min以上扣10分	
6	安全文明	无安全隐患，无不文明操作	5分	未达标扣1~5分	
7	结束	工量具清洁归位	5分	漏一项扣1分，未做扣5分	
		工作场地清洁	5分	清洁不彻底扣1~5分，未做扣5分	
	总分		100分		

任务三 拆装点火开关并检测

1. 任务目的描述

1）能正确拆装点火开关。

2）能检测点火开关各档位的通断情况。

3）能积极主动参与任务，能与小组成员团结协作，能执行实训室"6S"规定。

2. 任务准备

1）知识准备：完成第一课汽车电气系统基础元件和第二课检修工具和仪表的使用的学习。

2）设备准备：汽车、汽车电气设备拆装工量具、演示课件（或操作视频）。

3. 任务步骤

1）老师演示或播放视频：拆装点火开关并检测。

2）学生练习拆装点火开关并检测（或老师演示时同步练习），同时完成《汽车电气设备构造与维修工作页》相应部分内容的填写。

4. 任务评价

任务评价内容及标准见表1-10。

表1-10 任务评价内容及标准

序号	项目	操作内容	分值	评分标准	得分
1	准备	清点工量具、清理工位	5分	酌情扣分	
2	拆卸	将点火开关从车上拆下	20分	操作不当扣1~20分	
3	检测	检测点火开关通断情况	30分	操作不当扣1~30分	
4	安装	安装点火开关到车上	20分	操作不当扣1~20分	
5	完成时间	20min	10分	超时1~5min扣1~5分 超时5min以上扣10分	
6	安全文明	无安全隐患，无不文明操作	5分	未达标扣1~5分	
7	结束	工量具清洁归位	5分	漏一项扣1分，未做扣5分	
		工作场地清洁	5分	清洁不彻底扣1~5分，未做扣5分	
		总分	100分		

任务四 检测二极管和热敏电阻器

1. 任务目的描述

1）掌握二极管和热敏电阻器的作用。

2）能检测二极管和热敏电阻器的好坏。

3）能积极主动参与任务，能与小组成员团结协作，能执行实训室"6S"规定。

2. 任务准备

1）知识准备：完成第一课汽车电气系统基础元件和第二课检修工具和仪表的使用的学习。

2）设备准备：二极管、热敏电阻器、演示课件（或操作视频）。

3. 任务步骤

1）老师演示或播放视频：检测二极管和热敏电阻器。

2）学生练习检测二极管和热敏电阻器（或老师演示时同步练习），并完成《汽车电气设备构造与维修工作页》相应部分内容的填写。

4. 任务评价

任务评价内容及标准见表1-11。

表1-11 任务评价内容及标准

序号	项目	操作内容	分值	评分标准	得分
1	准备	清点工量具、清理工位	5分	酌情扣分	
2	检测	检测二极管	30分	操作不当扣1~30分	
		检测热敏电阻器	40分	操作不当扣1~40分	
3	完成时间	20min	10分	超时1~5min扣1~5分 超时5min以上扣10分	

（续）

序号	项目	操作内容	分值	评分标准	得分
4	安全文明	无安全隐患，无不文明操作	5分	未达标扣1~5分	
5	结束	工量具清洁归位	5分	漏一项扣1分，未做扣5分	
		工作场地清洁	5分	清洁不彻底扣1~5分，未做扣5分	
		总分	100分		

任务五　使用汽车故障诊断仪

1. 任务目的描述

1) 学会使用汽车故障诊断仪（以清除和读取发动机故障码为例）。

2) 能积极主动参与任务，能与小组成员团结协作，能执行实训室"6S"规定。

2. 任务准备

1) 知识准备：完成第二课检修工具和仪表的使用的学习。

2) 设备准备：汽车、汽车故障诊断仪、演示课件（或操作视频）。

3. 任务步骤

1) 老师演示或播放视频：使用汽车故障诊断仪。

2) 学生练习使用汽车故障诊断仪（或老师演示时同步练习），并完成《汽车电气设备构造与维修工作页》相应部分内容的填写。

4. 任务评价

任务评价内容及标准见表1-12。

表 1-12　任务评价内容及标准

序号	项目	操作内容	分值	评分标准	得分
1	准备	清点工量具、清理工位	5分	酌情扣分	
2	组装	组装故障诊断仪	8分	操作不当扣1~8分	
3	连接	连接故障诊断仪至汽车诊断接口	8分	操作不当扣1~8分	
4	运行	点火开关至ON档，打开故障诊断仪	8分	操作不当扣1~8分	
5	诊断	进入汽车诊断界面，读取历史故障码	8分	操作不当扣1~8分	
6	清除	清除历史故障码	8分	操作不当扣1~8分	
7	再次读	起动发动机，再次读取故障码	8分	操作不当扣1~8分	
8	查看	查看相关数据流并排除故障	8分	操作不当扣1~8分	
9	第三次读	确认数据流正常	8分	操作不当扣1~8分	
10	关闭	关闭故障诊断仪	6分	操作不当扣1~6分	
11	完成时间	40min	10分	超时1~5min扣1~5分 超时5min以上扣10分	

（续）

序号	项目	操作内容	分值	评分标准	得分
12	安全文明	无安全隐患，无不文明操作	5 分	未达标扣 1~5 分	
13	结束	工量具清洁归位	5 分	漏一项扣 1 分，未做扣 5 分	
		工作场地清洁	5 分	清洁不彻底扣 1~5 分，未做扣 5 分	
		总分	100 分		

巩固与提高

一、填空题

1. 汽车电气设备由_____、_____和_____三部分组成。

2. 汽车上的主电源是_____，辅助电源是_____。

3. 汽车用导线有_____导线和_____导线两种。

4. 继电器是一种利用_____来控制_____电路的电磁开关。

5. 控制点火电路、起动电路、仪表电路的开关称为_____开关。

6. 插接器就是通常所说的_____和_____。

7. 电阻的主要用途是稳定和调节电路中的_____及_____。

8. 汽车电路中使用的特殊功能电阻有_____电阻、_____电阻和_____电阻三种。

9. 电感具有通_____阻_____、通_____阻_____的特性。

10. 晶体管的作用是把_____信号放大成幅度值较大的电信号。

11. 万用表按显示方式的不同分为_____万用表和_____万用表。

12. 汽车电气系统的故障可分为_____故障和_____故障两大类。

二、单项选择题

1. 汽车电气系统采用的连接导线是（　　　）。

A. 铝质多丝软线　　　　　　　　　　　　B. 钢质多丝软线

C. 银质多丝软线　　　　　　　　　　　　D. 铜质多丝软线

2. 高压阻尼导线用于（　　　）。

A. 充电系统　　　　B. 起动系统　　　　C. 点火系统　　　　D. 喷油系统

3. 低压导线截面面积的选择取决于（　　　）。

A. 电流大小　　　　B. 电压大小　　　　C. 蓄电池容量　　　　D. 发动机排量

4. 以下不属于汽车电路保险装置的是（　　　）。

A. 继电器　　　　B. 熔断器　　　　C. 易熔线　　　　D. 断路器

5. 当电路过载或短路时，起到保护电路的元件是（　　　）。

A. 开关　　　　B. 继电器　　　　C. 熔断器　　　　D. 导线

6. 操作用电设备工作的元件是（　　　）。

A. 熔丝　　　　B. 开关　　　　C. 导线　　　　D. 电源

三、判断题

1. 汽车所有的用电设备都采用单线制。（　　　）

2. 我国标准中规定汽车电器必须采用正极搭铁。（　　　）

3. 汽油车大都采用 12V 直流电压供电。（　　　）

4. 汽车上各种导线的截面面积规格一致。(　　)

5. 汽车上导线的颜色是一致的。(　　)

6. 低压导线的截面面积主要是根据用电设备的工作电压大小来选择。(　　)

7. 相同材质导线的截面面积越大，允许载流量越大。(　　)

8. 为了减轻无线电干扰，高压导线采用无阻尼线。(　　)

四、问答题

1. 汽车电气系统有什么特点？

2. 汽车电气系统的故障常用诊断方法有哪些？

项目二

电源系统的拆装与检修

学习目标

知识目标

1. 识别电源系统各部件在车上的安装位置。
2. 了解蓄电池的结构。
3. 掌握蓄电池使用和维护的基本方法。
4. 熟悉交流发电机的结构。
5. 掌握电压调节器的工作原理。

技能目标

1. 能对蓄电池进行维护与检测。
2. 能正确拆装与检测发电机。
3. 会分析电源系统电路，能进行电源系统常见故障的诊断与排除。

情感目标

激发学生科技报国的家国情怀和使命担当。

典型工作任务

1. 蓄电池的拆装及车下充电。
2. 拆装解体发电机并检修。
3. 电源系统的故障诊断与排除。

知识准备

第一课　电源系统概述

一、电源系统的作用

电源系统的作用就是向汽车用电设备提供低压直流电，以保证汽车在行驶中和停车时的用电。

二、电源系统的组成

电源系统主要由蓄电池、交流发电机、电压调节器、点火开关、电流表或其他充电状态指示装置等组成，如图 2-1 所示。蓄电池和交流发电机的连接方式为并联。

当充电状态指示装置正常工作，电流表指针偏向"-"方向或充电状态指示灯亮时，表示发电机输出电压低于蓄电池端电压，蓄电池处于放电状态。当电流表指针偏向"＋"方向或充电状态指示灯熄灭时，表示发电机工作正常，蓄电池处于被充电状态。

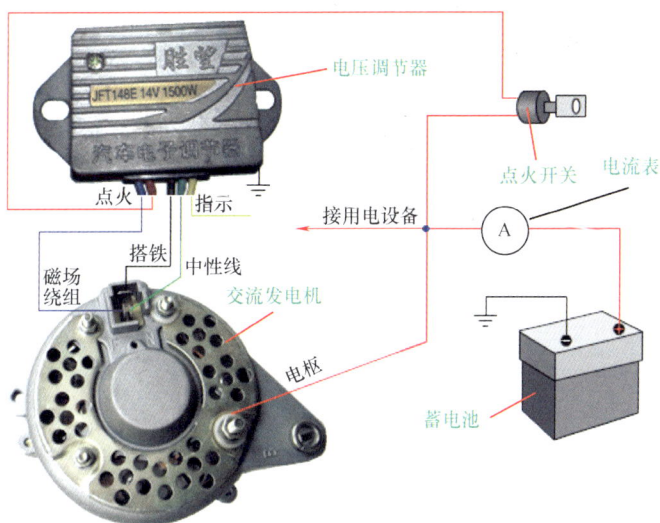

图 2-1　汽车电源系统的组成

第二课　蓄电池

一、蓄电池的作用、结构及工作过程

1. 蓄电池的作用

当蓄电池与外部负载连接时，蓄电池中的化学能转变为电能向外供电。当蓄电池与充电设备连接时，它可将电能转变为化学能储存起来。蓄电池的作用就是在发电机不发电、发电机输出电压过低或发电机过载时，向用电设备供电。另外，它还具有吸收电路中出现的瞬时过电压的功能。

2. 蓄电池的结构

燃油汽车和新能源汽车辅助系统主要使用铅酸蓄电池。铅酸蓄电池应用的历史最长，技术成熟、成本较低、可靠性好、使用安全、能够高倍率放电，缺点是使用寿命短、体积大、比能量低、污染严重。铅酸蓄电池主要由正极板、负极板、电解液、隔板、连接线和外壳等组成，如图 2-2 所示。正极板为二氧化铅（PbO_2），负极板为海绵状纯铅（Pb），电解液为硫酸（H_2SO_4）水溶液。同时，还需要隔板将正、负极板隔开。

一个单格铅酸蓄电池的标称电压是 2.0V，能放电到 1.5V，能充电到 2.4V。经常用 6 个单格铅酸蓄电池串联起来组成标称电压是 12V 的铅酸蓄电池。

3. 蓄电池的工作过程（铅酸蓄电池）

蓄电池的工作过程包括放电过程和充电过程。

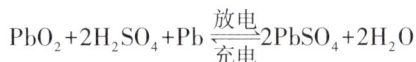

$$PbO_2 + 2H_2SO_4 + Pb \underset{充电}{\overset{放电}{\rightleftharpoons}} 2PbSO_4 + 2H_2O$$

（1）蓄电池的放电过程　蓄电池的放电过程是化学能转变为电能的过程。放电时，正极板上的 PbO_2 和负极板上的 Pb 都与电解液中的 H_2SO_4 发生反应，电解液中的 H_2SO_4 不断减少，密度下降。

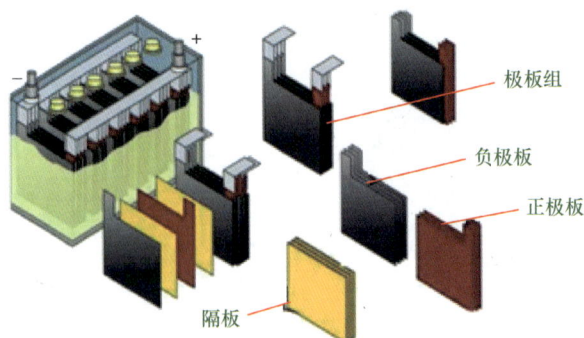

图 2-2　铅酸蓄电池的结构

（2）蓄电池的充电过程　蓄电池的充电过程是电能转变为化学能的过程。充电时，正、负极板上的 $PbSO_4$ 还原成 PbO_2 和 Pb，电解液中的 H_2SO_4 增多，密度上升。

所以通过检测电解液的密度，可估算出蓄电池的存电量。

二、蓄电池的种类及型号

1. 蓄电池的种类

常用的铅酸蓄电池分为普通蓄电池、干荷蓄电池和免维护蓄电池三大类。

（1）普通蓄电池　普通蓄电池的极板是由铅和铅的氧化物构成的，电解液是硫酸的水溶液，如图 2-3 所示。它的主要优点是电压稳定、价格低廉；缺点是质量能量密度低、使用寿命短和日常维护频繁。

（2）干荷蓄电池　干荷蓄电池的全称是干式荷电铅酸蓄电池，如图 2-4 所示。它的主要特点是负极板有较高的储电能力，在完全干燥状态下，能在两年内保存所得到的电量。使用时只需加入电解液，等待 20~30min 就可使用。

图 2-3　普通蓄电池

图 2-4　干荷蓄电池

（3）免维护蓄电池　免维护蓄电池由于自身结构上的优势，电解液的消耗量非常少，在使用寿命内基本不需要补充蒸馏水，如图 2-5 所示。它还具有耐振、耐高温、体积小和自放电少的特点。使用寿命一般为普通蓄电池的两倍。

2. 蓄电池的型号

蓄电池的型号，如图 2-6 所示。蓄电池额定容量（Q_e）是指在 25℃温度下，以恒定电流放电 20h 至终止电压（1.75V/单格）时，该电流的 20 倍，单位为 A·h。蓄电池的额定容量越大，储存的电量就越多，也就意味着可以提供更长时间的电力输出。

图 2-5　免维护蓄电池

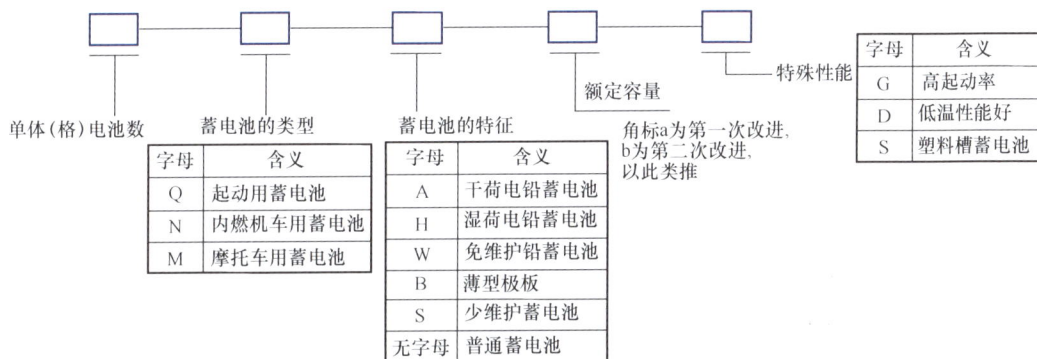

图 2-6　蓄电池的型号

例：6-QW-54a 表示由 6 个单格蓄电池组成，额定电压为 12V，额定容量为 54A·h 的起动型免维护铅蓄电池，第一次改进。

三、蓄电池的维护

1. 蓄电池的拆装

蓄电池的拆装步骤如下：

1）将点火开关置于"LOCK"档（或"OFF"档）。

2）拆下蓄电池负极接线柱，如图 2-7 所示。

图 2-7　拆卸蓄电池负极接线柱

3）拆下蓄电池正极接线柱。

4）拆下蓄电池固定夹板，取出蓄电池。

5）蓄电池的安装顺序与拆卸顺序相反。

职场健康与安全：

① 只能在关闭点火开关时，才能拔下和连接蓄电池接线，否则可能损坏发动机控制单元（ECU）。

② 蓄电池拆卸时，应先拆下蓄电池负极，再拆下蓄电池正极；蓄电池安装时，应先安装蓄电池正极，再安装蓄电池负极。

2. 蓄电池电量的检测

常用蓄电池电量的检测方法有以下四种：

（1）用万用表检测 关闭点火开关及所有用电设备，用万用表检查蓄电池电压，12.6V 正常；小于 12.5V 则说明存电不足。

（2）加负载检测 打开前照灯，不起动发动机，蓄电池电压小于 11.3V，说明缺电严重。

（3）蓄电池状态指示器观察 蓄电池状态指示器也称为电眼，观察蓄电池状态指示器颜色，可明确蓄电池的状态。指示器呈绿色，表明蓄电池电充足（图 2-8c）；指示器绿点很少或为黑色，表明蓄电池需要充电；指示器显示淡黄色或透亮，表明蓄电池无法再充电，需要进行更换。

a) 蓄电池状态
指示器实物图

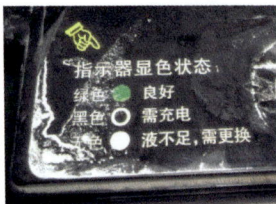

b) 蓄电池状态
指示器颜色含义

c) 蓄电池状态指
示器颜色示例

图 2-8 蓄电池状态指示器

（4）用蓄电池检测仪检测 蓄电池检测仪红色表笔接蓄电池正极接线柱，黑色表笔接蓄电池负极接线柱，检测仪显示屏上可观察蓄电池检测结果，如图 2-9 所示。

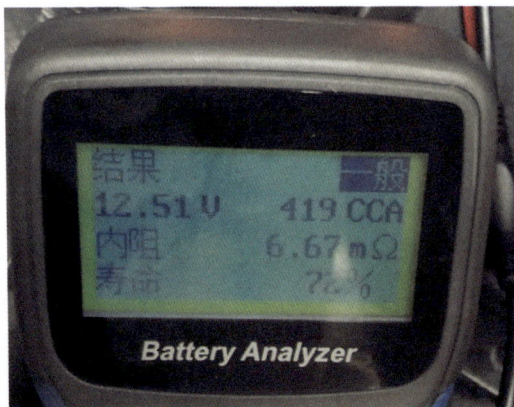

图 2-9 用蓄电池检测仪检测

3. 蓄电池的充电

（1）蓄电池充电的种类 蓄电池充电的种类有初充电、补充充电和去硫化充电。

1）初充电。对新蓄电池或更换极板的蓄电池以及用干储法储存几年后又要重新使用的蓄电池所进行的充电，称为初充电。

2）补充充电。蓄电池使用后的充电称为补充充电。

3）去硫化充电。消除铅酸蓄电池极板硫化的一种排故性充电称为去硫化充电。

（2）蓄电池充电的方法

1）定压充电。在充电过程中，保持充电电压恒定不变（被充的蓄电池并联）的充电方法称为定压充电，如图2-10所示。汽车上的充电系统采用电压调节器实现对充电电压恒定的控制，就属于定压充电。定压充电不能用于初充电和去硫化充电。

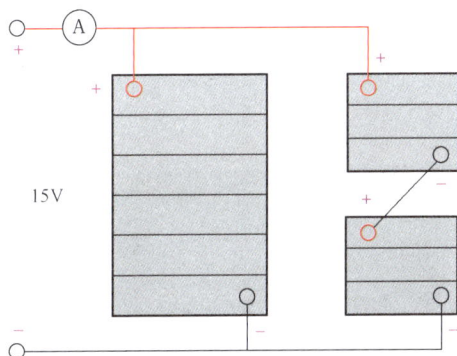

a) 充电机   b) 蓄电池连接方式

图 2-10 定压充电

优点：充电速度快，充电时间短，充电电流会随着电动势的上升，而逐渐减小到零，使充电自动停止，不必人工调整和照管。

缺点：充电电流大小不能调整，所以不能保证蓄电池彻底充足电。

2）定流充电。在充电过程中，保持充电电流恒定（被充的蓄电池串联）的充电方法称为定流充电，如图2-11所示。此方法广泛用于初充电、补充充电和去硫化充电。

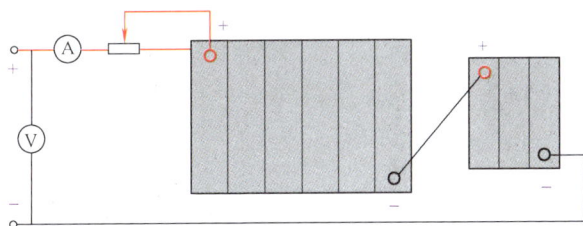

图 2-11 定流充电

定流充电的充电电流应按照容量最小的蓄电池来选择，当小容量蓄电池充足电后，应及时取掉，然后再继续给大容量蓄电池充电。充电电流大小的选择一般分为两个阶段：第一阶段充电电流大小为 $Q_e/15$（初充电）、$Q_e/10$（补充充电），充电到电解液开始冒气泡，单格电压上升到2.4V为止；第二阶段将充电电流减半，充到电解液"沸腾"，单格电压达到2.7V，电解液密度上升到最高值，且2~3h保持不变，即充电结束。

优点：充电电流可任意选择，有益于延长蓄电池的使用寿命。

缺点：充电时间长，且需要经常调整充电电流。

3）脉冲充电。脉冲充电采用自动控制电路对蓄电池进行正反向脉冲充电，可以提高充电效率，使用中的蓄电池补充充电只需0.5~1.5h。

优点：充电时间大大缩短，可增加蓄电池的容量，去硫化显著。

缺点：对极板的活性物质冲刷力强，易造成活性物质脱落。

职场健康与安全：

无论采取哪种方法充电，蓄电池的正负极不能接错。

（3）蓄电池充电示例

1）充电机的认识。充电机是蓄电池车下充电的主要设备，图2-12所示为GZL-30/6-24V硅整流快速充电机的面板。使用充电机时，要根据蓄电池的不同型号选择不同的充电电压和充电电流。

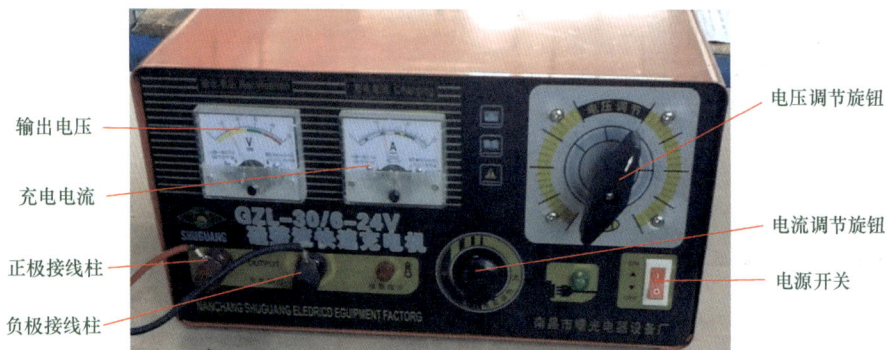

输出电压　　　　　　　　　　　电压调节旋钮
充电电流　　　　　　　　　　　
正极接线柱　　　　　　　　　　电流调节旋钮
负极接线柱　　　　　　　　　　电源开关

图2-12　GZL-30/6-24V硅整流快速充电机的面板

2）GZL-30/6-24V硅整流快速充电机的使用。充电机的使用步骤如下：

① 选择充电电压和充电电流。此处充电电压选择12V，如图2-13所示。第一阶段充电电流大小为$Q_e/15$（初充电）、$Q_e/10$（补充充电），第二阶段将电流减半。

a)　　　　　　　　　b)

图2-13　选择充电电压和充电电流

② 将充电机的正极接到蓄电池正极，充电机的负极接到蓄电池负极。连接充电机到蓄电池之间的充电线，"正接正，负接负"，如图2-14所示。

③ 打开充电机电源开关。

图 2-14　连接好充电线

④ 充电完毕，关闭充电机电源开关。

⑤ 拆下充电机到蓄电池之间的充电线。

⑥ 电压、电流选择开关旋到"0"位。

4. 蓄电池的维护

1）电解液液面应始终保持在 Max 和 Min 范围内，如图 2-15 所示。每月检查一次，并视液面下降情况，适当补充蒸馏水（纯水），不要加电解液。电解液是用纯净硫酸和纯净蒸馏水按一定比例配制而成的溶液，俗称电瓶水。

2）当蓄电池电压不足且灯光暗淡、起动无力时，应及时进行车外补充充电。

3）防止蓄电池过充电或长期亏电。

4）在使用过程中，应经常检查排气孔是否畅通，以防蓄电池变形或爆裂。

5）防止蓄电池长时间大电流放电，每次起动时间不要超过 5s，两次连续起动时间间隔10～15s。

6）蓄电池在汽车上要安装牢固，减轻振动。

7）经常检查蓄电池连接线是否牢固，必须保持接触良好。

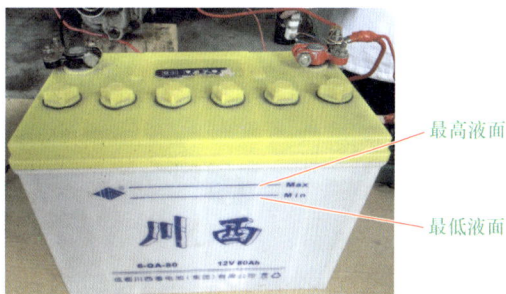

图 2-15　蓄电池液面

8）经常清除蓄电池盖上的灰尘污物及溢出的电解液，保持清洁干燥，防止自放电。

9）汽车在寒冷地区行驶，要避免蓄电池完全放电，以免电解液结冰。

职场健康与安全：

　　配制电解液时，只能将硫酸缓慢地加入蒸馏水中，严禁将蒸馏水倒入浓硫酸中，以免发生爆溅，伤害人体和腐蚀设备。

第三课　发电机

一、汽车发电机的作用

汽车发电机是将发动机的一部分机械能转化为电能的电气设备，是汽车运行中的主要电源，担负着除起动系统外所有用电设备的供电任务，并向蓄电池充电。

二、汽车发电机的拆装及解体

1. 汽车发电机的拆装

汽车发电机的拆装步骤如下：

1）将点火开关置于"LOCK"档（或"OFF"档）。

2）拆下蓄电池负极接线柱上的搭铁电缆插头。

3）拆下发电机的导线插头或插接器插头。

4）拆下发电机紧固螺栓和传动带张力调节螺栓，并松开传动带。

5）取下发电机。

6）发电机的安装顺序与拆卸顺序相反。

2. 汽车发电机的解体（以解体 JF154 交流发电机为例）

发电机的解体步骤如下：

1）拆下发电机带轮紧固螺母，取下带轮、风扇和止推垫圈，如图 2-16 所示。

2）拆下前端盖固定螺钉，取下前端盖。

3）取出转子。

4）拆下后端盖防护罩上的紧固螺母，取下定子、整流器和电刷总成。

5）拆下定子绕组和整流器之间的紧固螺母，分开定子绕组和整流器。

图 2-16　汽车发电机的解体

职场健康与安全：

　　铝合金端盖容易变形，因此拆卸时应均匀用力。

三、汽车发电机的类型及组成

1. 汽车发电机的类型

1）按总体结构分。

普通交流发电机，无内装电压调节器，有六只整流二极管，主要应用于普通汽车上。

整体式交流发电机，内装电压调节器，有多于六只整流二极管，在轿车上广泛应用。

带泵的交流发电机，发电机后端附带由转子轴驱动的真空泵，产生的真空负压主要用于汽车制动系统真空辅助助力，主要应用于大型柴油机汽车上。

无刷交流发电机，没有电刷和集电环，减少了无线电干扰，不会造成电刷和集电环的磨损和接触不良，缺点是发电机转速要求高。

2）按整流器结构分。按整流器结构分为六管、八管、九管和十一管交流发电机。

3）按磁场绕组搭铁形式分。

内搭铁型交流发电机，磁场绕组的一端（负极）直接搭铁。

外搭铁型交流发电机，磁场绕组的一端（负极）接入调节器，通过调节器后再搭铁。

4）按通风方式分。按通风方式可分为单风叶式和双风叶式。单风叶式是风叶安装在交流发电机的前端，风叶旋转产生的轴向空气流经发电机内部，对定子绕组进行冷却。双风叶式是在转子两端各装有一个风叶，产生的是轴向和径向两个方向的空气流。

交流发电机的型号如图 2-17 所示。

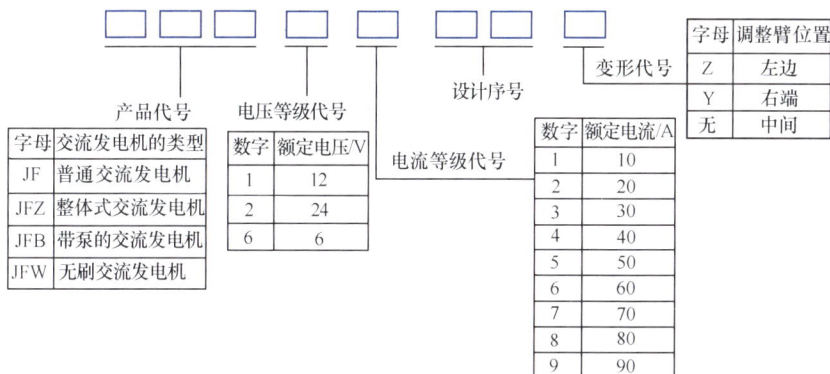

字母	调整臂位置
Z	左边
Y	右端
无	中间

字母	交流发电机的类型
JF	普通交流发电机
JFZ	整体式交流发电机
JFB	带泵的交流发电机
JFW	无刷交流发电机

数字	额定电压/V
1	12
2	24
6	6

数字	额定电流/A
1	10
2	20
3	30
4	40
5	50
6	60
7	70
8	80
9	90

图 2-17　交流发电机的型号

例：JF154 表示额定电压为 12V，额定电流为 50A，第 4 次设计的调整臂在中间的普通交流发电机。

2. 汽车发电机的组成

普通交流发电机由转子、定子、整流器、电刷、端盖、带轮和风扇等部件组成，如图 2-18 所示。

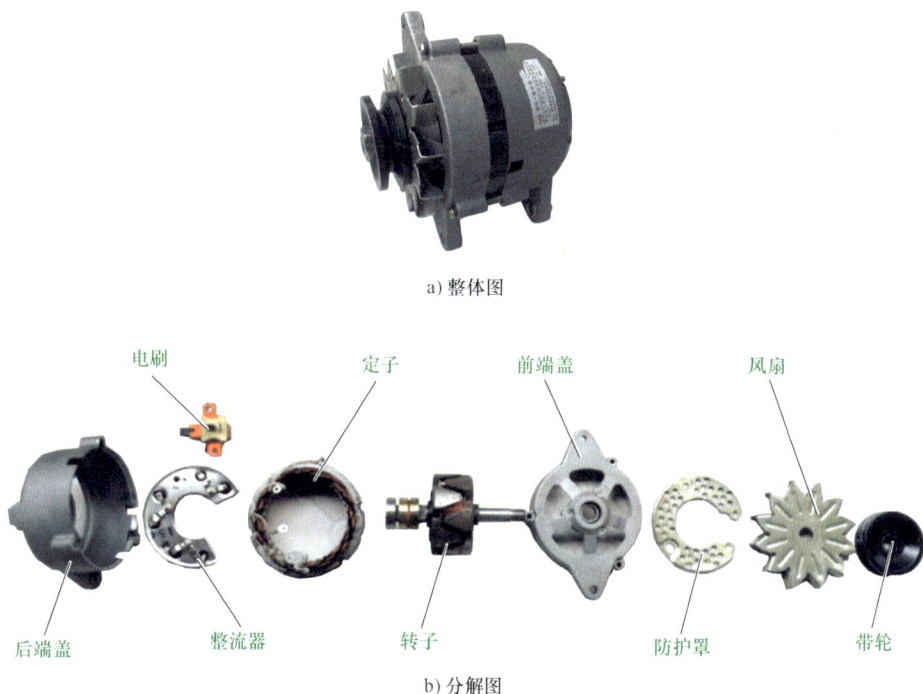

a) 整体图

b) 分解图

图 2-18　交流发电机的构造

1）转子。转子的作用是产生旋转的磁场。转子由爪极、磁场绕组、集电环和转子轴等组成，如图 2-19 所示。转子轴上压装着两块爪极，两块爪极各有六个鸟嘴形磁极，爪极空腔内装有磁场绕组和磁轭。集电环由两个彼此绝缘的铜环组成，集电环压装在转子轴上并与轴绝缘，两个集电环分别与磁场绕组的两端相连。当两集电环通入直流电时（通过电刷），磁场绕组中就有电流通过，并产生轴向磁通，使爪极一块被磁化为 N 极，另一块被磁化为 S 极，从而形成六对相互交错的磁极。当转子转动时，就形成了旋转的磁场。

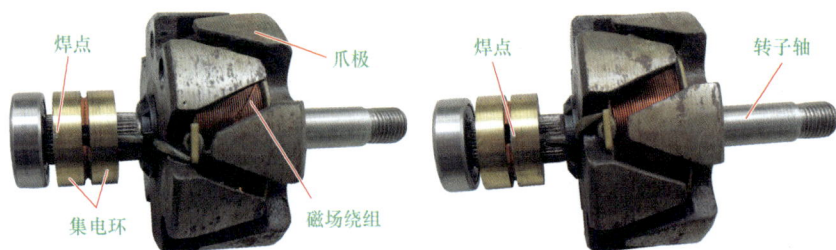

焊点　爪极　焊点　转子轴

集电环　磁场绕组

图 2-19　转子

2）定子。定子的作用是产生三相交流电压（电动势）。定子由定子铁心和定子绕组组成，如图 2-20a 所示。定子铁心由内圈带槽的硅钢片叠成，定子绕组的高强度漆包线就嵌放在铁心的槽中。定子绕组是由三相对称且匝数相同的漆包铜线缠绕而成的，三相绕组的连接方法可分为星形联结和三角形联结两种。因星形联结在低转速下便产生相对较高的电压，所以大部分汽车发电机采用星形联结，如图 2-20b 所示。

三相绕组末端
（中性点）

三相绕组首端

定子铁心

a）三相绕组　　　　b）星形联结

图 2-20　定子三相绕组及绕组连接方式

3）整流器。交流发电机整流器的作用是将定子绕组产生的三相交流电变为直流电。普通的六管交流发电机的整流器是由六只硅整流二极管和散热板组成的整流电路。六只硅整流二极管分别压装（或焊装）在两块散热铝板上，如图 2-21 所示。

汽车发电机硅二极管工作电流大，反向耐压高，只有一根引线。引出线为正极的二极管称为正二极管，引出线为负极的二极管称为负二极管。正二极管安装在一块铝制散热板上，组成发电机的正极，由固定散热板的螺栓伸出发电机壳外，成为发电机电压输出接线柱 B（+）。负二极管安装在另一块铝制散热板上，组成发电机的负极，也可用发电机后端盖代替负极板。

4）电刷。电刷是将外部电流通过与之接触的集电环引入转子绕组产生磁场。电刷又称为炭刷，是在石墨（炭）中渗入铜及少量锡、铅等金属粉末混合制成。石墨具有良好的导电性，质地软而且耐磨。电刷有外装式和内装式两种，图 2-22 所示为内装式电刷。

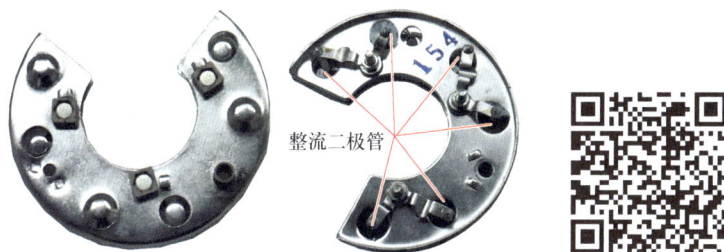

整流二极管

图 2-21 整流器

图 2-22 内装式电刷

5）带轮和风扇。带轮是通过传动带将发动机的一部分动力（机械能）传给转子轴。风扇的作用是带走发电机绕组工作中产生的热量，为发电机散热。

6）端盖和防护罩。端盖分为前端盖和后端盖，起支承转子，固定定子、整流器和电刷的作用。防护罩防止大的异物进入发电机。

四、汽车交流发电机的工作原理

当转子磁场绕组接通直流电时，就产生了磁场，转子在发动机的带动下旋转，磁感线与定子绕组之间产生相对运动，从而在定子绕组中产生交流电。经整流器整流后，将交流电转换为直流电向汽车用电设备供电。转子磁场绕组电流先由蓄电池提供（他励），然后发电后由自身提供（自励）。

五、发电机的检查

1. 整机检测

JF154 硅整流交流发电机接线柱的情况（此发电机属于六管式）如图 2-23 所示。

1）"F" 接线柱与 "E" 接线柱之间的电阻检测。"F" 接线柱与 "E" 接线柱之间的电阻相当于转子绕组的电阻，因有电刷此电阻值比解体后的测量值略大，电阻参考值为 $3 \sim 8\Omega$，如图 2-24 所示。若为 0 或无穷大，说明此电路有短路或断路。

2）"B" 接线柱与 "N" 接线柱之间的电阻检测。"B" 接线柱与 "N" 接线柱之间的电阻检测相当于检测三个整流二极管并联后的电阻（定子单相绕组电阻值小于 1Ω，可忽略不计），如图 2-25 所示。正向电阻为 200Ω 左右，反向电阻为无穷大，说明正常。

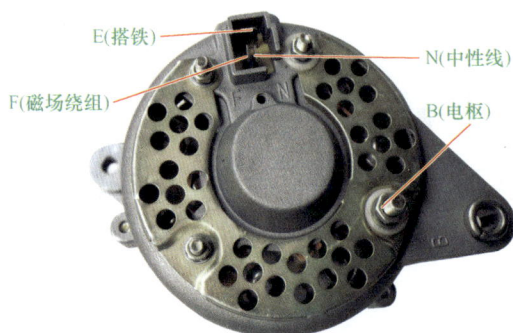

图 2-23 JF154 硅整流交流
发电机接线柱的情况

E(搭铁)
N(中性线)
F(磁场绕组)
B(电枢)

图 2-24 "F" 接线柱与 "E" 接线柱
之间的电阻检测

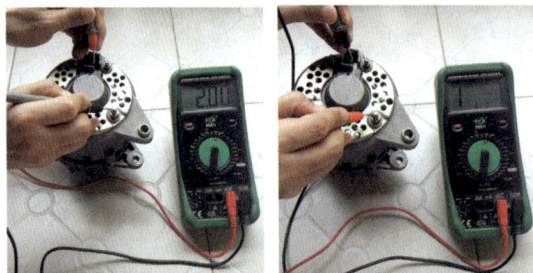

a) 正向　　　　　　　b) 反向

图 2-25 "B" 接线柱与 "N" 接线柱之间的电阻检测

3）"B" 接线柱绝缘检测。"B" 接线柱绝缘检测如图 2-26 所示，绝缘电阻不符合要求，应检修或更换发电机。

图 2-26 "B" 接线柱绝缘检测

4）"B" 接线柱与 "F" 接线柱之间的电阻检测。"B" 接线柱与 "F" 接线柱之间的电阻检测如图 2-27 所示。电阻应为无穷大，否则应检修或更换发电机。

2. 发电机的解体检查

1）转子的检测。转子的检测如图 2-28 所示。转子绕组电阻参考值为 $3 \sim 8\Omega$，否则有断路或短路故障存在。转子绕组绝缘电阻参考值应大于 $5k\Omega$，否则应更换转子。

图 2-27　"B"接线柱与"F"接线柱之间的电阻检测

a) 转子绕组电阻的检测　　　　b) 转子绕组绝缘电阻的检测

图 2-28　转子的检测

2）定子的检测。定子的检测如图 2-29 所示。定子绕组电阻参考值应小于 1Ω，否则有断路或短路故障存在。定子绕组绝缘电阻参考值应大于 5kΩ，否则应更换定子。

a) 定子绕组电阻的检测　　　　b) 定子绕组绝缘电阻的检测

图 2-29　定子的检测

3）整流器的检测。整流器的检测如图 2-30 所示。正向导通性能检测如图 2-30a 所示，580Ω左右正常。反向截止性能检测，如图 2-30b 所示，电阻值应为无穷大。

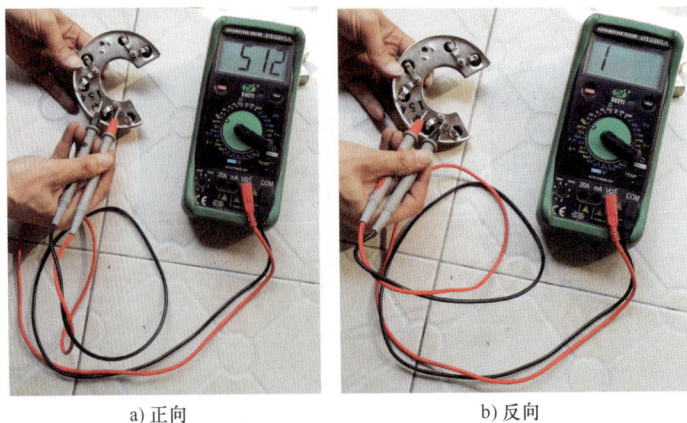

a) 正向　　　　　　　　　　　　　b) 反向

图 2-30　整流器的检测

4）电刷的检查。电刷表面如有油污，应用布擦拭干净，电刷在电刷架内应滑动自如。电刷架不得有裂纹、弹簧折断或锈蚀现象，否则应更换。电刷允许磨损极限为 5mm，超过此极限时应予以更换。

第四课　电压调节器

一、电压调节器的作用

发电机电压调节器可以保证交流发电机输出电压不受转速和用电设备变化的影响，使其保持稳定，以满足用电设备的需要。

二、电压调节器的类型和型号

目前使用的电压调节器有电磁振动式电压调节器、晶体管电压调节器和集成电路电压调节器三种。

电磁振动式电压调节器又称为触点式电压调节器，因带有触点，结构复杂，电压调节精度低，触点火花对无线电干扰大，已被淘汰。

晶体管电压调节器可通过较大的励磁电流，适用于功率较大的发电机。电压调节精度高，对无线电干扰小，体积小，无运动件，耐振，故障少，可靠性高。

集成电路电压调节器除具有晶体管电压调节器的优点外，因它体积特别小，可直接装于发电机内部，省去了与发电机的外部连线，因而增加了工作的可靠性，并具有防潮、防尘、耐高温性能好和价格低等优点。

汽车交流发电机电压调节器的型号由五部分组成，如图 2-31 所示。

例：FT126C 表示有触点 12V 双联电磁振动式电压调节器，第 6 次设计，第 3 次变形。

FDT152 表示无触点 12V 集成电路电压调节器，第 2 次设计。

三、晶体管电压调节器的工作原理

晶体管电压调节器是利用晶体管的开关特性，来控制发电机的磁场电流，使发电机的输出电压保持基本稳定。14V 电压调节器的调压值一般在 13.5~14.5V 范围内，28V 电压调节器的调压值一般在 27~29V 范围内。晶体管电压调节器的基本电路图如图 2-32 所示，工作过程如下：

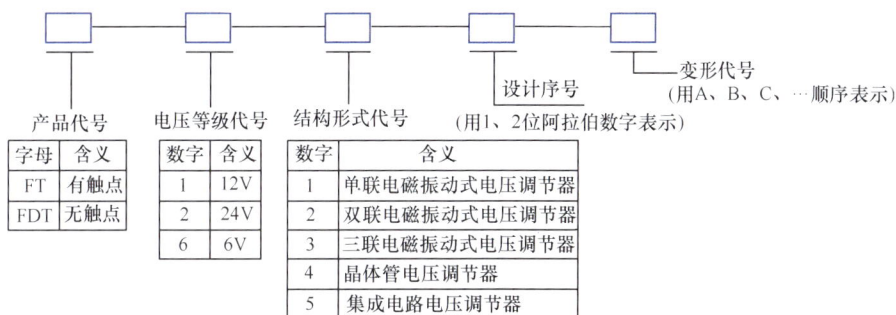

图 2-31　汽车交流发电机电压调节器的型号

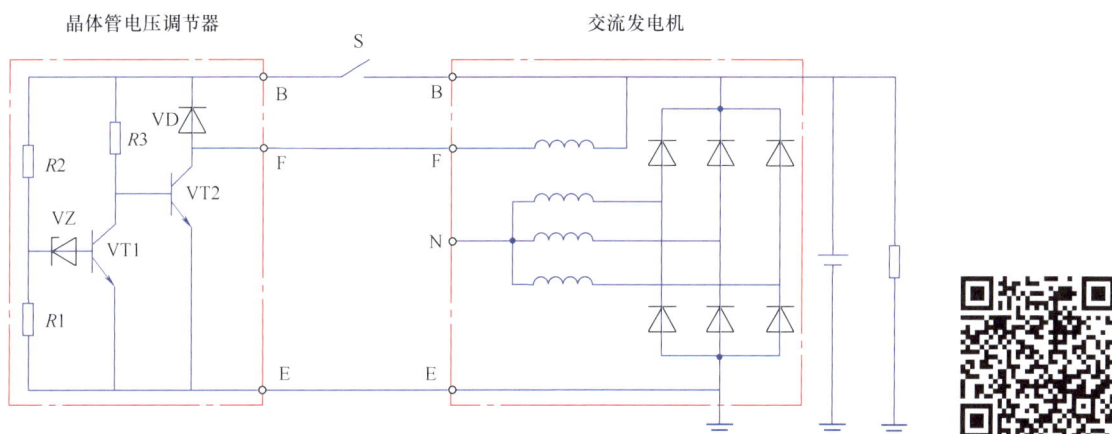

图 2-32　晶体管电压调节器的基本电路图

1）接通点火开关 S，当发电机未转动或转速较低时，发电机电压低于蓄电池电动势，蓄电池电压经 S 加在分压电阻 $R1$、$R2$ 两端。由于发电机的端电压低于调节电压上限，因此，$R1$ 上的分压值 U_{R1} 小于稳压二极管 VZ 的稳压电压 U_z 与 U_{be} 之和，VZ 处于截止状态，晶体管 VT1 因无基极电流处于截止状态。此时，蓄电池电流经点火开关 S 和电阻 $R3$ 向 VT2 提供基极电流，使 VT2 导通，接通励磁电路，其路径为：蓄电池正极→发电机励磁绕组→发电机"F"接线柱→调节器"F"接线柱→晶体管 VT2（c→e）→调节器"E"接线柱→搭铁→蓄电池负极。若此时发电机转动发电，其电压随转速升高而升高。

2）当发电机电压上升到高于蓄电池电动势但低于调节电压上限时，VZ、VT1 仍截止，VT2 仍导通，励磁电流由发电机自己供给，励磁电路为：发电机正极→发电机励磁绕组→发电机"F"接线柱→调节器"F"接线柱→晶体管 VT2（c→e）→调节器"E"接线柱→搭铁→发电机负极。

3）当发电机电压随转速升高到调节电压上限值时，稳压二极管 VZ 导通，其工作电流从晶体管的 VT1 基极流入，发射极流出。VT1 饱和导通时，VT2 的发射结被短路，流过 $R3$ 的电流经 VT1 集电极和发射极构成回路。因此，VT2 无基极电流而截止，励磁电流被切断，磁极磁通迅速减少，发电机电压迅速下降。

4）当发电机电压降到调节电压下限值时，稳压二极管 VZ 截止，VT1 随之截止，VT1 的集电极电位升高，发电机又经 $R3$ 向 VT2 提供基极电流，VT2 导通，接通励磁电流，磁极磁通增多，发电机电压重又升高。

调节器重复 3）、4）工作过程，将发电机电压控制在一定的范围内，其平均值就是调节器的调节电压值。

在晶体管 VT2 由导通转为截止瞬间，磁场绕组产生的自感电动势经续流二极管 VD 构成回路放电，防止晶体管 VT2 击穿损坏。

晶体管电压调节器的实物图如图 2-33 所示。

图 2-33　晶体管电压调节器的实物图

四、集成电路电压调节器的工作原理

集成电路电压调节器直接装于发电机内部，这种发电机称为整体式交流发电机。内装集成电路电压调节器的十一管交流发电机电路图如图 2-34 所示。

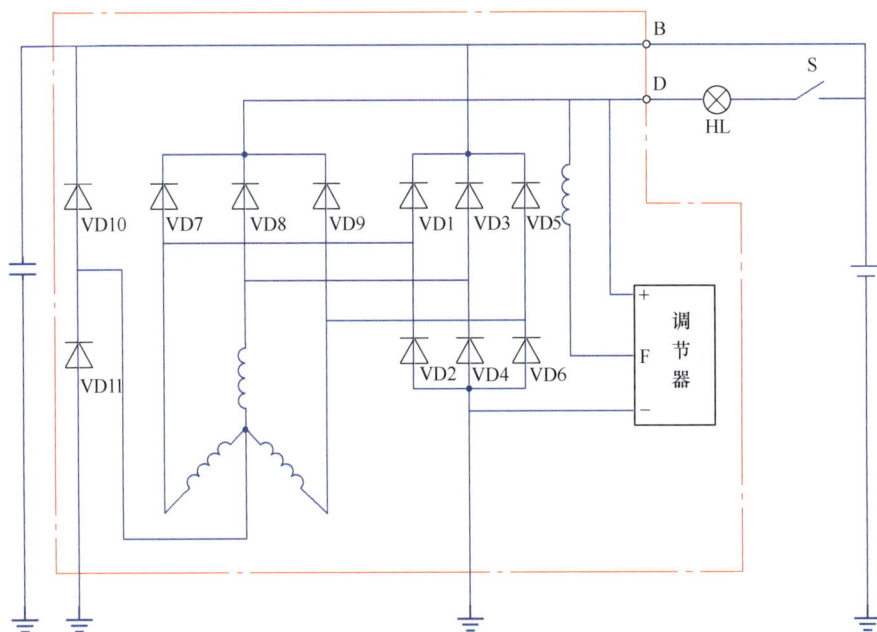

图 2-34　内装集成电路电压调节器的十一管交流发电机电路图

该电路是在一般常用的六管三相桥式整流电路的基础上，增加了三个励磁二极管 VD7、VD8、VD9 和两个中性二极管 VD10、VD11。三个励磁二极管 VD7、VD8、VD9 专供励磁。两个中性二极管 VD10、VD11 工作时，可增大交流发电机的输出电流。

第五课　电源系统的使用与故障诊断

一、电源系统电路原理图

电源系统电路原理图如图 2-35 所示，电源电路工作情况如下：

1）当发动机起动时，蓄电池向起动机等负载供电。

2）发动机低速运转，发电机发出电量较低时，蓄电池向用电设备和发电机励磁绕组供电。

3）汽车停车或发电机不发时，蓄电池向用电设备供电。

4）发电机过载时，蓄电池协助发电机向用电设备供电。

5）发动机转速较高时，发电机发电，向用电设备供电，同时对蓄电池进行充电。

二、电源系统的正确使用方法

电源系统的正确使用方法如下：

1）蓄电池的搭铁极性必须与交流发电机的搭铁极性一致。

2）电压调节器与交流发电机的搭铁极性也必须相同，否则交流发电机将因无磁场电流而不能输出电压，并且两者的电压等级要一致，否则充电系统不能正常工作。

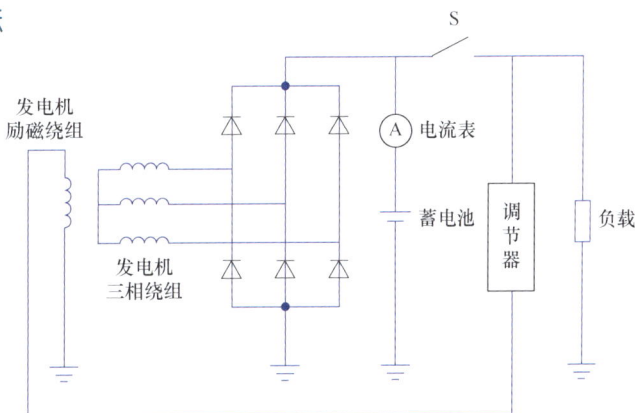

图 2-35　电源系统电路原理图

3）整流器的六只二极管与定子绕组相连接时，绝对禁止用兆欧表或 220V 交流电源检查交流发电机的绝缘情况，否则易使二极管击穿而损坏。

4）交流发电机安装在发动机上时，交流发电机带轮槽的中心和发动机带轮槽的中心要对齐，传动带松紧适当。

5）交流发电机运转时，不能用试火方法检查是否发电，否则容易损坏二极管以及电子元件。

6）发动机熄火后，应将点火开关置于"LOCK"档。防止蓄电池持续向发电机转子绕组放电，缩短蓄电池使用寿命。

7）发现交流发电机不发或者充电电流小时，应及时排除故障，而且交流发电机与蓄电池之间的导线连接要牢固，否则容易损坏二极管和电子元件。

三、电源系统的故障诊断与排除

1. 蓄电池安装在车上后全车漏电的检查

全车漏电的检查步骤如下：

1）将点火开关置于"LOCK"档，遥控上锁。

2）万用表红表笔接蓄电池负极电缆上，并固定好，如图 2-36 所示。

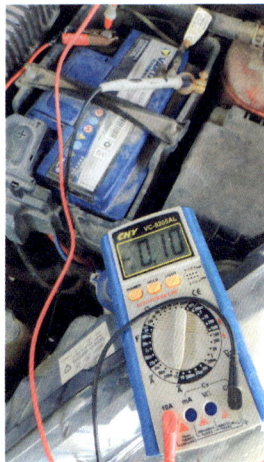

图 2-36　全车漏电的检查

3）松开蓄电池负极电缆螺钉，万用表黑表笔接蓄电池负极，然后慢慢移开蓄电池负极电缆。

4）等待车辆各种模块进入休眠，读出准确的静态放电量。

静态放电量一般在 50mA 以内就属于正常。若静态放电量过大，可从熔丝盒下手，逐个拔出熔丝观察电流变化，如拔出那个熔丝后电流降至正常范围内，则该熔丝所供电源的用电器存在放电。

2. 发电机是否发电的检查

起动发动机，用万用表直流电压档测量发电机 B 端子搭铁电压，正常情况应在 14V 左右。然后再测量蓄电池电压，也应在 14V 左右，如图 2-37 所示；如果蓄电池的电压为 12V，发电机 B 端子电压为 14V，则说明发电机到蓄电池之间的连接线有问题；如果发电机 B 端子电压超过 15V，则说明发电机电压调节器有问题；如果发电机不发电，或发电机 B 端子电压达不到 14V，则先将发动机熄火，将点火开关置于"ON"档。用螺钉旋具试一下带轮是否有磁，如果有磁则为发电机整流管有问题；如果没有，则要看一下发电机的 F 端子是否有励磁电流。如果有，则为调节器问题；如果没有，则为电路故障。

图 2-37 蓄电池充电电压的检测

职场健康与安全：

发电机正常运转时，不可随意拆卸电气设备的连接导线，特别是蓄电池电缆线。

任务实施

任务一 蓄电池的拆装及车下充电

1. 任务目的描述

1）能正确拆装蓄电池。

2）能对蓄电池进行车下充电。

3）能积极主动参与任务，能与小组成员团结协作，能执行实训室"6S"规定。

2. 任务准备

1）知识准备：完成第二课蓄电池的学习。

2）设备准备：汽车、汽车电气设备拆装工量具、充电机、演示课件（或操作视频）。

3. 任务步骤

1）老师演示或播放视频：蓄电池的拆装及车下充电。

2）学生练习蓄电池的拆装及车下充电（或老师演示时同步练习），并完成《汽车电气设备构造与维修工作页》相应部分内容的填写。

4. 任务评价

任务评价内容及标准见表2-1。

表 2-1　任务评价内容及标准

序号	项目	操作内容	分值	评分标准	得分
1	准备	清点工量具、清理工位	5 分	酌情扣分	
2	拆卸	从车上拆下蓄电池	15 分	操作不当扣 1~15 分	
3	检查	检查蓄电池存电量	15 分	操作不当扣 1~15 分	
4	充电	对蓄电池进行充电	15 分	操作不当扣 1~15 分	
5	安装	把蓄电池安装到车上	15 分	操作不当扣 1~15 分	
6	试车	起动发动机试车	10 分	操作不当扣 1~10 分	
7	完成时间	160min	10 分	超时 1~5min 扣 1~5 分 超时 5min 以上扣 10 分	
8	安全文明	无安全隐患，无不文明操作	5 分	未达标扣 1~5 分	
9	结束	工量具清洁归位	5 分	漏一项扣 1 分，未做扣 5 分	
		工作场地清洁	5 分	清洁不彻底扣 1~5 分，未做扣 5 分	
		总分	100 分		

任务二　拆装解体发电机并检修

1. 任务目的描述

1）能正确拆装发电机。

2）能对发电机进行解体并检测。

3）能积极主动参与任务，能与小组成员团结协作，能执行实训室"6S"规定。

2. 任务准备

1）知识准备：完成第三课发电机的学习。

2）设备准备：汽车、汽车电气设备拆装工量具、演示课件（或操作视频）。

3. 任务步骤

1）老师演示或播放视频：拆装解体发电机并检修。

2）学生练习拆装解体发电机并检修（或老师演示时同步练习），同时完成《汽车电气设备构造与维修工作页》相应部分内容的填写。

4. 任务评价

任务评价内容及标准见表2-2。

表 2-2　任务评价内容及标准

序号	项目	操作内容	分值	评分标准	得分
1	准备	清点工量具、清理工位	5 分	酌情扣分	
2	拆卸	从车上拆下发电机	10 分	操作不当扣 1~10 分	
3	整机检测	整机检测并判断好坏	10 分	操作不当扣 1~10 分	
4	解体	解体发电机	10 分	操作不当扣 1~10 分	
5	解体后检测	解体后检测各组成部分	10 分	操作不当扣 1~10 分	

（续）

序号	项目	操作内容	分值	评分标准	得分
6	组装	组装发电机	10 分	操作不当扣 1~10 分	
7	安装	把发电机安装到车上	10 分	操作不当扣 1~10 分	
8	测试	起动发动机检查是否发电	10 分	操作不当扣 1~10 分	
9	完成时间	120min	10 分	超时 1~5min 扣 1~5 分 超时 5min 以上扣 10 分	
10	安全文明	无安全隐患，无不文明操作	5 分	未达标扣 1~5 分	
11	结束	工量具清洁归位	5 分	漏一项扣 1 分，未做扣 5 分	
		工作场地清洁	5 分	清洁不彻底扣 1~5 分，未做扣 5 分	
		总分	100 分		

任务三　电源系统的故障诊断与排除

1. 任务目的描述

1）能从全车电路图中识读出电源系统。

2）能检测电源系统各部件之间连接点的电压。

3）能积极主动参与任务，能与小组成员团结协作，能执行实训室"6S"规定。

2. 任务准备

1）知识准备：完成第五课电源系统的使用与故障诊断的学习。

2）设备准备：汽车、汽车电气设备拆装工量具、演示课件（或操作视频）。

3. 任务步骤

1）老师演示或播放视频：电源系统的故障诊断与排除。

2）学生练习电源系统的故障诊断与排除（或老师演示时同步练习），并完成《汽车电气设备构造与维修工作页》相应部分内容的填写。

4. 任务评价

任务评价内容及标准见表 2-3。

表 2-3　任务评价内容及标准

序号	项目	操作内容	分值	评分标准	得分
1	准备	清点工量具、清理工位	5 分	酌情扣分	
2	查找部件	查找电源系统的组成部件	10 分	操作不当扣 1~10 分	
3	识读电路	识读充、放电两个电流回路	10 分	操作不当扣 1~10 分	
4	检测电路	电路检测	10 分	操作不当扣 1~10 分	
5	分析诊断	根据测量数据，诊断并排除故障	10 分	操作不当扣 1~10 分	
6	部件检测	判断部件好坏	10 分	操作不当扣 1~10 分	
7	更换部件	安全规范地更换部件	10 分	操作不当扣 1~10 分	
8	测试	起动发动机检查故障是否排除	10 分	操作不当扣 1~10 分	

（续）

序号	项目	操作内容	分值	评分标准	得分
9	完成时间	160min	10分	超时 1~5min 扣 1~5 分 超时 5min 以上扣 10 分	
10	安全文明	无安全隐患，无不文明操作	5分	未达标扣 1~5 分	
11	结束	工量具清洁归位	5分	漏一项扣 1 分，未做扣 5 分	
		工作场地清洁	5分	清洁不彻底扣 1~5 分，未做扣 5 分	
		总分	100分		

巩固与提高

一、填空题

1. 汽车电源系统的作用就是向汽车用电设备提供_____电，以保证汽车在行驶中和停车时的用电。

2. 蓄电池和交流发电机的连接方式为_____联。

3. 蓄电池是能将所获得的_____以_____的形式储存并可以将化学能转变为电能的一种电化学装置。

4. 蓄电池的工作过程包括_____过程和_____过程。

5. 常用的铅酸蓄电池分为_____蓄电池、_____蓄电池和_____蓄电池三大类。

6. 蓄电池的型号：6-Q-105，表示蓄电池的额定电压为_____。

7. 蓄电池充电的种类有_____充电、_____充电和_____充电。

8. 蓄电池充电的方法有_____充电、_____充电和_____充电三种。

9. 汽车发电机是将_____的一部分机械能转化为_____的电气设备。

10. 汽车运行时，给蓄电池充电的部件是_____。

11. 交流发电机运转时，不能用_____的方法检查是否发电。

二、单项选择题

1. 下列不属于汽车电源系统组成的是（　　　）。

A. 交流发电机　　　　B. 蓄电池　　　　C. 起动机　　　　D. 点火开关

2. 发动机熄火后，汽车的供电设备是（　　　）。

A. 发电机　　　　B. 蓄电池　　　　C. 起动机　　　　D. 压缩机

3. 铅酸蓄电池正极板的活性物质是（　　　）。

A. 二氧化铅　　　　B. 铅　　　　C. 铜　　　　D. 硫酸

4. 12V 铅酸蓄电池单格电池的电压约为（　　　）。

A. 1V　　　　B. 2V　　　　C. 3V　　　　D. 4V

5. 普通铅酸蓄电池的电解液是（　　　）。

A. 纯净水　　　　B. 蒸馏水　　　　C. 盐酸溶液　　　　D. 硫酸溶液

6. 铅酸蓄电池放电时，电解液中的（　　　）。

A. 硫酸减少，水增多　　　　　　B. 硫酸减少，水减少

C. 硫酸增多，水增多　　　　　　D. 硫酸增多，水减少

7. 普通铅酸蓄电池额定容量的单位是（　　　）。

A. A·h　　　　B. kW·h　　　　C. V　　　　D. A

8. 以下不属于交流发电机组成的是（　　　）。

A. 转子　　　　　　　　B. 定子　　　　　　C. 电磁开关　　　　　D. 整流器

9. 普通交流发电机风扇的作用是（　　　）。

A. 产生变化磁场　　　　　　　　　　　　B. 将三相交流电转化为直流电

C. 产生交流电　　　　　　　　　　　　　D. 通风冷却

10. 汽车发电机电压调节器的作用是（　　　）。

A. 将交流电转变为直流电　　　　　　　　B. 产生三相交流电

C. 稳定发电电压　　　　　　　　　　　　D. 产生变化的磁场

11. 交流发电机所采用的励磁方法是（　　　）。

A. 自励　　　　　　　　B. 他励　　　　　　C. 先他励后自励　　　D. 先自励后他励

三、判断题

1. 蓄电池向用电设备提供交流电。（　　　）

2. 汽车蓄电池可以吸收电路中出现的瞬时过电压。（　　　）

3. 汽车上蓄电池采用定流充电。（　　　）

4. 免维护蓄电池使用中无须添加蒸馏水。（　　　）

5. 蓄电池电解液液面低就添加电解液。（　　　）

6. 蓄电池长期充电不足，会影响其使用寿命。（　　　）

7. 目前大多数汽车采用直流发电机。（　　　）

8. 大部分汽车发电机采用星形联结。（　　　）

9. 蓄电池与发电机的搭铁极性可以不一致。（　　　）

四、问答题

1. 简述蓄电池的作用。

2. 蓄电池的维护知识有哪些？

3. 简述汽车交流发电机的工作原理。

4. 简述电源系统的正确使用方法。

5. 简述全车漏电的检查方法。

起动系统的拆装与检修

学习目标

知识目标

1. 识别起动系统各部件在车上的安装位置。
2. 掌握起动机的结构及工作原理。
3. 熟悉起动系统的工作过程。

技能目标

1. 能正确拆装起动机。
2. 会分析起动系统电路，进行起动系统常见故障的诊断与排除。

情感目标

1. 创新精神的培养。
2. 自主学习能力的培养。

典型工作任务

1. 拆装起动机并检修。
2. 起动系统的故障诊断与排除。

知识准备

第一课　起动系统概述

一、起动系统的作用

汽车发动机曲轴在外力作用下，从开始转动到怠速运转的全过程，称为发动机的起动。起动系统的作用是供给发动机曲轴起动转矩，使发动机曲轴达到必需的起动转速，以便使发动机进入自行运转状态。

发动机起动方式有人力起动、辅助汽油机起动和电力起动机起动。人力起动是用手摇或绳拉，现在部分汽车将人力手摇起动作为后备方式保留，有些车型则已取消。辅助汽油机起动只在少数重型汽车上采用。电力起动机起动由直流电动机通过传动机构将发动机起动，现在绝大多数汽车采用这种起动方式。

二、起动系统的组成

起动系统主要由蓄电池、起动机、点火开关和起动继电器等组成，如图3-1所示。

起动系统的组成有两个电气电路：一个是起动电流电路，另一个是控制电流电路。汽油机起动电流达到200～600A，所以连接起动机的电缆和搭铁电缆必须要有足够的横截面面积允许通过大负载电流。

起动系统控制电流电路分为点火开关直接控制和起动继电器控制等类型。点火开关直接控制是指点火开关直接控制起动机电磁开关的电路，如图3-2所示。这种类型起动系统控制电路主要应用于小型车辆发动机上，通过点火开关的电流不是很大。

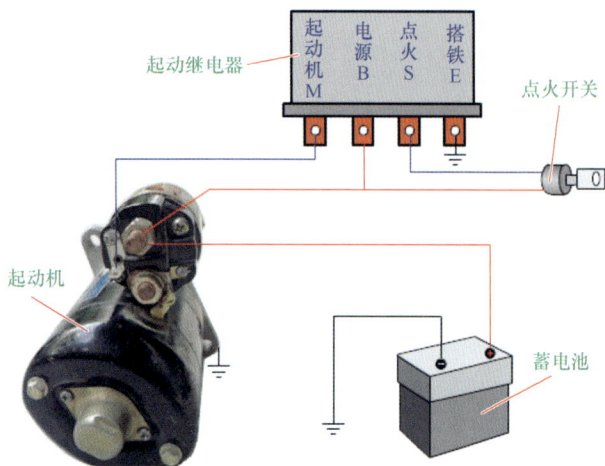

图 3-1　起动系统的组成（起动继电器控制类型）　　图 3-2　点火开关直接控制类型

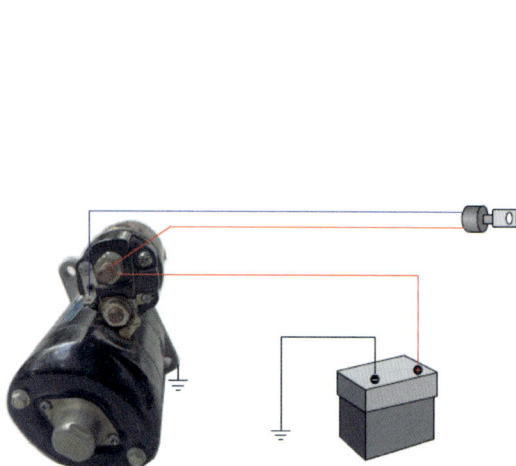

起动继电器控制是指通过起动继电器控制起动机电磁开关的电路，如图3-1所示。这种类型起动系统控制电路利用起动继电器控制起动机电磁开关的较大电流，有利于保护点火开关。

第二课　起动机的拆装与检修

一、起动机的作用

起动机的作用是将蓄电池输入的电能转换为机械能，产生电磁转矩来驱动发动机曲轴完成起动。起动机安装在汽车发动机飞轮壳上。

二、起动机的拆装及解体

1. 起动机的拆装

起动机的拆装步骤如下：

1）将点火开关置于"LOCK"档（或"OFF"档）。

2）断开蓄电池负极接线柱。

3）举升汽车至合适高度。

4）拆卸起动机电磁开关插接器。

5）拆卸起动机电缆连接螺母，断开电缆连接。

6）拆下起动机与飞轮壳连接螺栓。

7）取出起动机。

8）起动机的安装步骤与拆卸步骤相反。

2. 起动机的解体（以解体 QD1121 型汽车起动机为例）

起动机的解体步骤如下：

1）拆卸电磁开关至电动机间的供电缆线，如图 3-3 所示。

2）拆卸电磁开关与前端盖两个连接螺栓，取下电磁开关。

3）拆卸后端盖与前端盖之间的两个连接螺栓，取下前端盖和拨叉。

4）拆卸后端盖两颗防尘罩螺钉，取下防尘罩。

5）拆卸转子卡环和弹簧，取出转子。

6）分离后端盖和定子。

7）用刷钩钩出两个负极电刷，分离电刷组件和后端盖。

图 3-3　拆卸电磁开关至电动机间的供电缆线

三、起动机的类型及组成

1. 汽车起动机的类型

1）按控制机构分。

① 机械控制式起动机：它是由驾驶人利用踏板（或手动）直接操纵机械式起动开关接通和切断起动电路，通常称为直接操纵式起动机。

② 电磁控制式起动机：又称为电磁操纵式起动机。它是由驾驶人旋转点火开关或按下起动按钮，通过电磁开关接通和切断起动电路。

2）按传动机构分。

① 惯性啮合式起动机：由于其可靠性差，已不再使用。

② 强制啮合式起动机：因其具有结构简单、动作可靠和操纵方便等优点，被普遍采用。

③ 电磁啮合式起动机：它是依靠电枢进行轴向移动起动发动机，多用于大功率的柴油汽车上。

除上述类型外，还有永磁型起动机和减速型起动机等，图 3-4 所示为减速型起动机。

起动机的型号由五部分组成，如图 3-5 所示。

例：QD1121 表示额定电压为 12V，功率为 1kW，第

图 3-4　减速型起动机（外啮合）

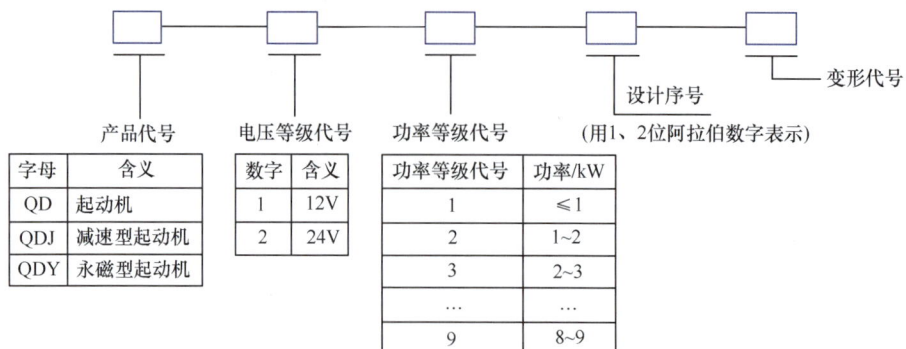

图3-5　起动机的型号

21次设计的起动机。

2. 汽车起动机的组成

汽车起动机由直流电动机、传动机构和控制机构三部分组成，如图3-6所示。直流电动机根据定子的类型分为励磁式直流电动机和永磁式直流电动机两种。

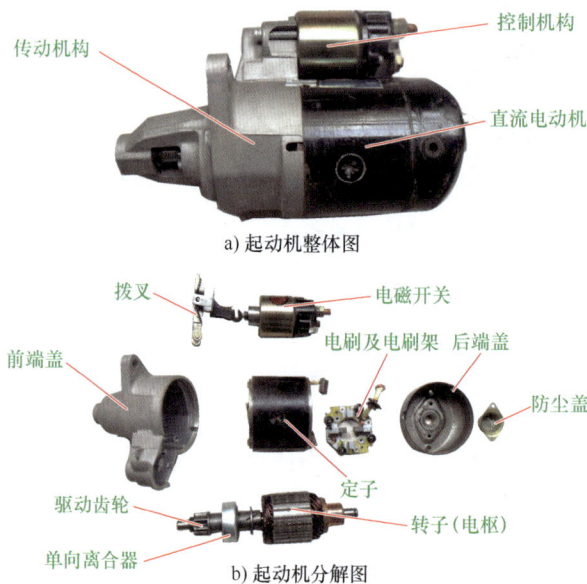

a) 起动机整体图

b) 起动机分解图

图3-6　QD1121 励磁式起动机的构造

1）控制机构（电磁开关）。电磁开关由吸拉线圈、保持线圈、活动铁心、主开关接触盘（片）及回位弹簧等组成，如图3-7所示。其中，吸拉线圈与直流电动机串联，保持线圈与直流电动机并联。电磁开关的作用是产生电磁力，通过活动铁心可驱动拨叉运动，又可推动接触盘（片）推杆移动。

2）转子。转子俗称电枢，作用是产生电磁转矩。它由外围开有线槽的铁心、压在线槽内的电枢绕组、换向器以及电枢轴等组成，绕组线圈是表面附着一层高强度绝缘漆的铜导线，绕组与铁心之间也用绝缘材料隔开，以保证绝缘性能，如图3-8a所示。换向器由铜片和云母叠压而成，压装于电枢轴前端，铜片间绝缘，铜片与轴之间也绝缘，换向器片与线头采用锡焊连接，如图3-8b所示。

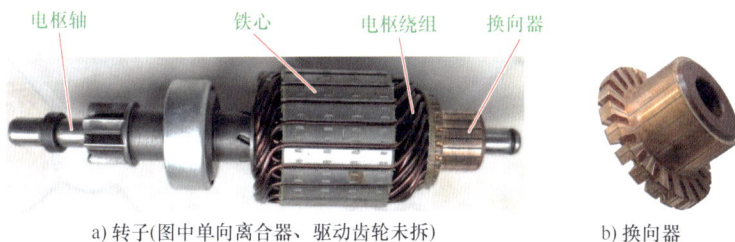

图 3-7　电磁开关

a) 转子(图中单向离合器、驱动齿轮未拆)　　　　　b) 换向器

图 3-8　转子

3）定子。定子俗称磁极，其作用是产生磁场。励磁式定子由固定在机壳内的铁心、缠绕在铁心上的励磁绕组和电刷组成，如图 3-9 所示。

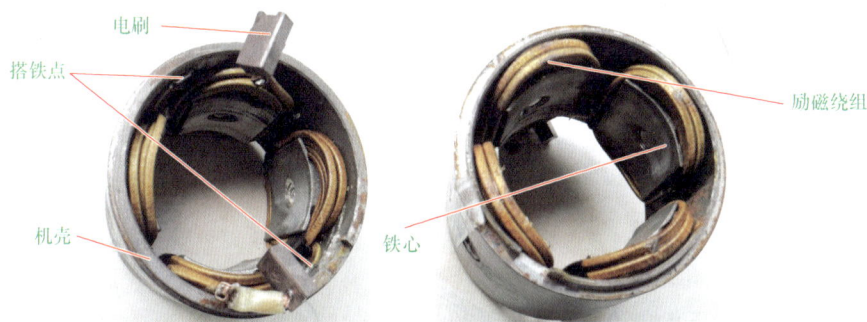

a) 励磁式定子

b) 永磁式定子

图 3-9　定子

励磁式直流电动机定子绕组和电枢绕组常用的连接方式（定子绕组和电枢绕组串联连接）称为串励式电动机（图 3-10），它具有起动转矩大、轻载转速高、重载转速低、能在短时间内输出最大功率等优点。主要应用于轿车，特别是商用车。

a) 结构　　　　　　　　　　　　　　b) 符号

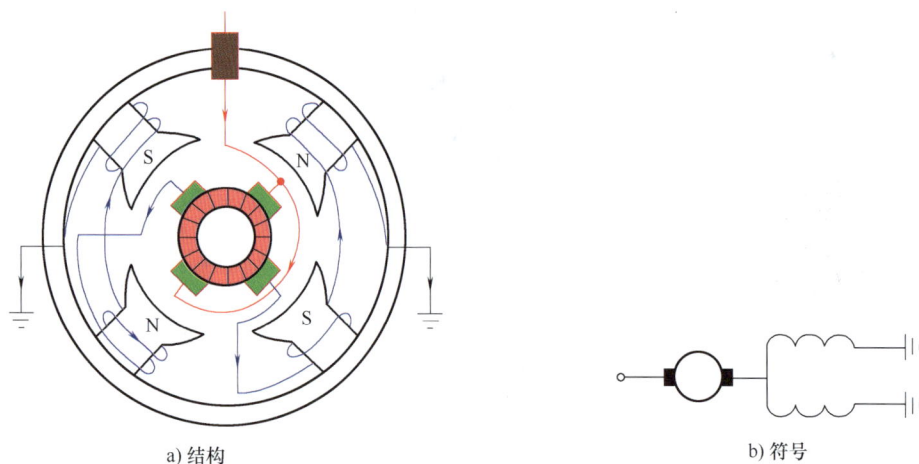

图 3-10　串励式电动机

4）拨叉。拨叉相当于一个杠杆，如图 3-11 所示。

图 3-11　拨叉

5）电刷组件。电刷组件上有四个电刷及电刷架，其中，两个正极电刷与"C 端子"连线相通，两个负极电刷分别与励磁绕组的一个端头相连接，如图 3-12 所示。电刷用铜粉（80%~90%）和石墨粉压制而成，通过盘形弹簧压靠在转子上的换向器片上，与之接触连接。

安装在电磁开关C端子

盘形弹簧

正极电刷

负极电刷

图 3-12　电刷组件

6）单向离合器。单向离合器的作用是起动时将起动机转子与驱动齿轮接合，将动力传递至飞轮；发动机起动后将起动机转子与驱动齿轮分离，防止驱动齿轮逆向动力传递引起起动机电枢损坏。

单向离合器有滚柱式、摩擦片式和弹簧式等几种类型，其中，滚柱式单向离合器是最常用的，其结构简单、加工方便，成本低，广泛应用于汽油起动机上。滚柱式单向离合器的驱动齿轮与外壳制成一体，外壳内装有十字块和四套滚柱、压帽和弹簧。十字块与传动导管固连，护盖与外壳相互扣合密封，如图 3-13 所示。

a) 整体图　　　　b) 分解图

图 3-13　滚柱式单向离合器的构造

当发动机起动时，传动导管随电枢轴旋转，带动十字块将滚柱压向楔形腔室窄的一边，将十字块与外壳卡紧，迫使驱动齿轮同电枢轴一起旋转，驱动飞轮，如图 3-14a 所示。

当发动机起动后，曲轴飞轮带动驱动齿轮高速旋转，外壳将滚柱压向楔形腔室宽的一边，将十字块与外壳分离，驱动齿轮动力不能传递到电枢轴，如图 3-14b 所示。

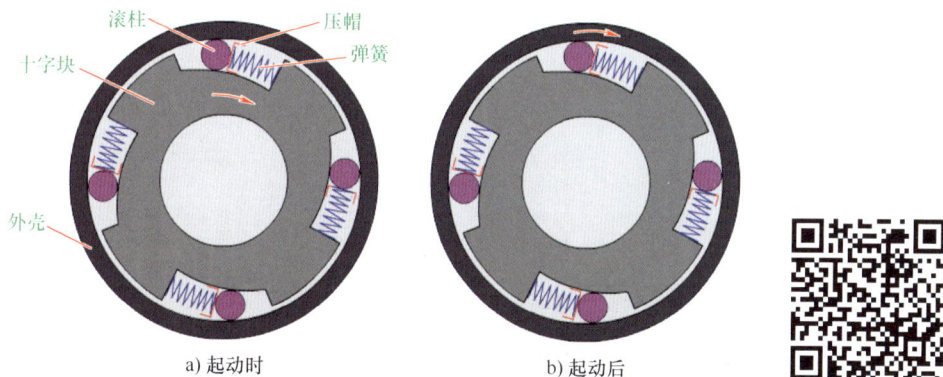

a) 起动时　　　　b) 起动后

图 3-14　滚柱式单向离合器的工作原理图

滚柱式单向离合器好坏检查的方法是：用一只手握住驱动齿轮不动，另一只手握住传动导管并向正反两个方向转动。若一个方向能转动，另一个方向不能转动，说明该离合器是好的；若两个方向均能转动或均不能转动，说明该离合器是坏的，需要更换。

四、起动机的工作原理

1. 直流电动机的工作原理

直流电动机的工作原理图如图 3-15 所示，直流电动机是根据载流导体在磁场中受到电磁力作用而发生运动的原理工作的。位于磁场里面的线圈称为电枢绕组，根据左手定则判定绕组两边均受到电磁力作用，左侧向上，右侧向下，由此转子逆时针方向转动。在转动过程中，电流始终从左侧流入，右侧流出，因而转子的转动方向不变。

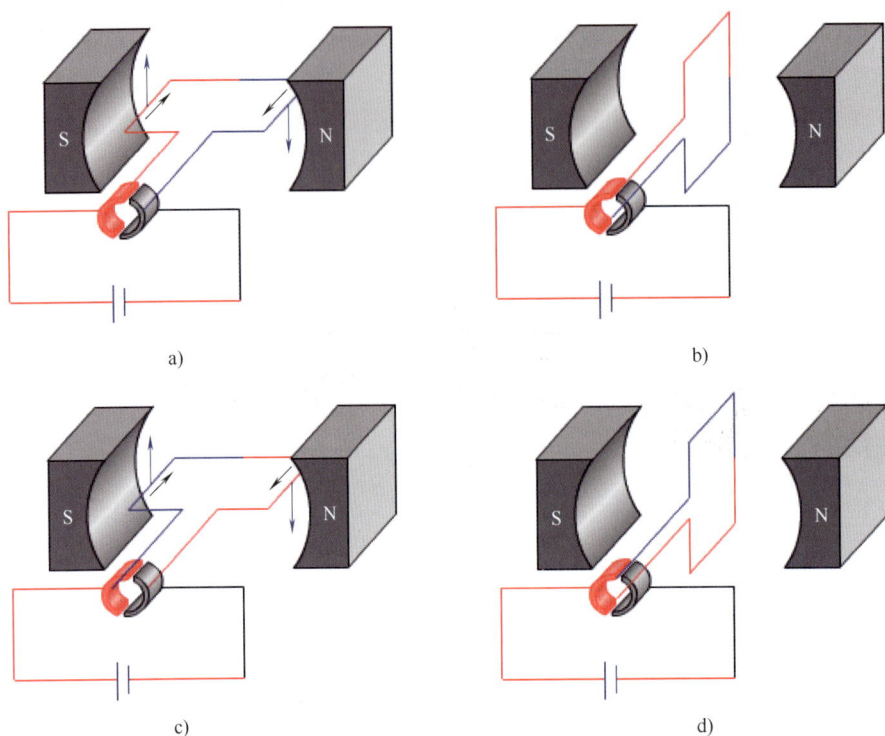

a)
b)
c)
d)

图 3-15 直流电动机的工作原理图

2. 具有起动继电器的起动电路

具有起动继电器的起动电路图如图 3-16 所示，其工作过程如下：

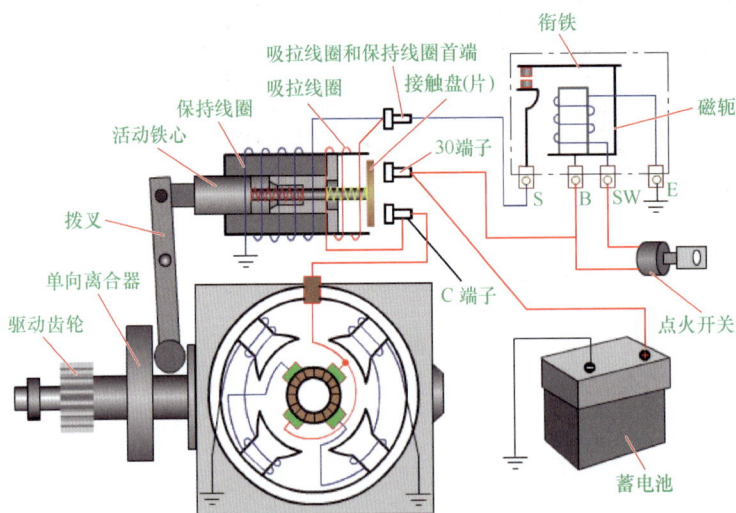

图 3-16 具有起动继电器的起动电路图

1）将点火开关置于"START"档，以下三条电路依次接通：

① 蓄电池正极→起动机 30 端子→点火开关→起动继电器 SW 接线柱→起动继电器线圈→起动继电器搭铁接线柱→搭铁→蓄电池负极。此时起动继电器线圈通电，吸下衔铁，触点闭合。

② 蓄电池正极→起动机 30 端子→起动继电器 B 接线柱→磁轭→衔铁→触点→起动继电器 S 接线柱→吸拉线圈和保持线圈首端→$\begin{cases}\text{保持线圈→搭铁→蓄电池负极。}\\\text{吸拉线圈→C 端子→电枢绕组→定子绕组→搭铁→蓄电池负极。}\end{cases}$

此时吸拉线圈和保持线圈通电，产生电磁力且方向一致，起动机电枢缓慢旋转。活动铁心驱动拨叉运动，拨叉带动驱动齿轮与飞轮齿圈逐渐啮合；活动铁心又通过接触盘（片）推杆推动接触盘（片）向 30 端子和 C 端子靠近。

③ 接触盘（片）接通 30 端子和 C 端子，此时吸拉线圈被短路，靠保持线圈的电磁力保证驱动齿轮与飞轮齿圈的啮合。起动主电路接通，电流流动方向如下：

蓄电池正极→起动机 30 端子→接触盘（片）→C 端子→电枢绕组→定子绕组→搭铁→蓄电池负极。

电枢高速旋转，从而起动发动机。发动机起动后，飞轮反过来带动驱动齿轮旋转，但单向离合器打滑，避免了电枢绕组高速甩散的危险。

> **职场健康与安全：**
>
> 　　驱动齿轮与飞轮齿圈的完全啮合在前，接触盘（片）接通主电路在后。若不是，可通过活动铁心上的调整螺母进行调整。

2）松开点火开关，点火开关自动从"START"档回到"ON"档。此时电流回路如下：

蓄电池正极→起动机 30 端子→接触盘（片）→C 端子→$\begin{cases}\text{电枢绕组→定子绕组→搭铁→蓄电池负极。}\\\text{吸拉线圈→保持线圈→搭铁→蓄电池负极。}\end{cases}$

因吸拉线圈和保持线圈磁场方向相反，相互削弱，活动铁心在回位弹簧的作用下迅速回位，使驱动齿轮脱开啮合，主电路断开，起动机停止工作，起动结束。

3. 有保护继电器的起动电路

有保护继电器的起动电路图如图 3-17 所示，工作过程如下：

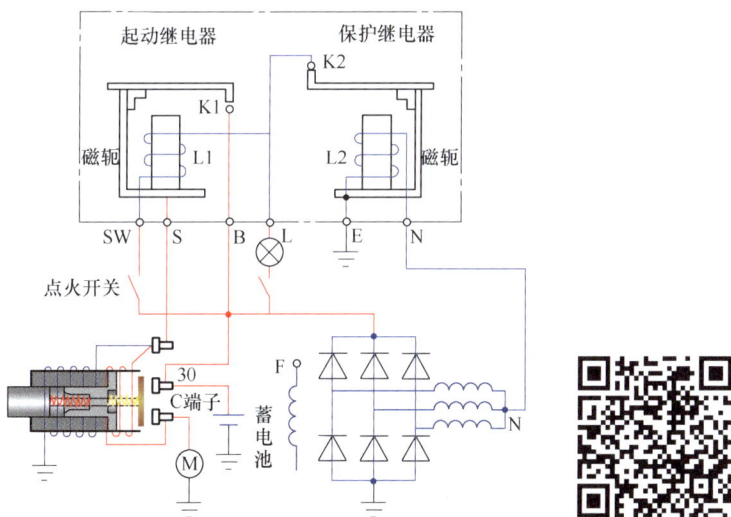

图 3-17　有保护继电器的起动电路图

1）起动时，将点火开关置于"START"档，电流回路如下：

蓄电池正极→起动机 30 端子→点火开关→起动继电器 SW 接线柱→起动继电器线圈 L1→保护继电器触点 K2→保护继电器磁轭→保护继电器搭铁接线柱→搭铁→蓄电池负极。此时起动继电器线圈 L1 通电，吸下起动继电器衔铁，起动继电器触点 K1 闭合，后面的起动过程如图 3-16 所示，此处不再重复。

充电指示灯电路如下：

蓄电池正极→起动机 30 端子→点火开关→充电指示灯→保护继电器充电指示灯接线柱→触点 K2→保护继电器磁轭→保护继电器搭铁接线柱→搭铁→蓄电池负极，此时充电指示灯亮。

2）发动机起动后，若没有及时松开点火开关，由于此时交流发电机电压已升高，中性点电压作用在保护继电器线圈 L2 上，使触点 K2 断开，切断了充电指示灯电路，充电指示灯熄灭。同时又将起动继电器线圈 L1 的电路切断，触点 K1 断开，切断了蓄电池与起动机之间的电路，使起动机自动停止工作。

3）发动机正常运转过程中，在交流发电机中性点电压的作用下，触点 K2 一直处于断开状态，充电指示灯不亮，表示充电系统正常，即使驾驶人操作失误，将点火开关旋至起动位置，由于起动继电器线圈 L1 中无电流，触点 K1 始终处于断开状态，所以起动机不会工作，从而防止了起动机驱动齿轮被打坏的危险，起到了保护作用。但是，如果充电系统有故障导致中性点电压过低，则保护继电器就起不到保护的作用了。

4. 汽车一键起动

汽车点火开关常规起动为钥匙起动，但一些车辆安装了包括电子记忆功能的一键起动系统。一键起动系统也常称为无钥匙起动系统。一键起动的按钮或旋钮必须在接收到智能钥匙的存在信号时才能起动，这种感应距离一般在 50cm 左右，如图 3-18 所示。一般情况下智能钥匙中也有通常所说的带有锯齿或凹槽的钥匙，它的作用是防止一键起动功能发生故障时，利用机械起动方式进行起动。具有一键起动功能的车辆一般不用插入钥匙，但有的有插入钥匙的位置，作用是防止一键起动功能发生故障时，利用钥匙进行起动。

图 3-18　汽车一键起动

无钥匙起动原理采用无线射频及编码识别技术，当车主进入车内时，车内的检测系统会马上识别车主钥匙内的智能卡，经过确认后车内的电控单元才会进入工作状态，这时车主只需轻轻按动车内的起动按钮（或者是旋钮），就可以正常起动车辆了。

五、起动机的检修

1. 整机检测

QD1121 汽车起动机接线柱的情况如图 3-19 所示。

接蓄电池正极(30端子)

保持线圈和吸拉线圈首端

吸拉线圈末端

通直流电动机(C端子)

图 3-19　QD1121 汽车起动机接线柱的情况

1）检测"30 端子"。用万用表欧姆档最高档检测 30 端子和其他接线柱及外壳的通断，均不通才正常，如图 3-20 所示。若通应检修或更换电磁开关。

2）检测保持线圈的电阻。用万用表检测保持线圈的电阻，1Ω 以上正常，如图 3-21 所示。若不是，应检修或更换电磁开关。

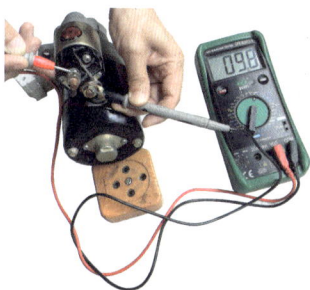

图 3-20　检测"30 端子"　　　图 3-21　检测保持线圈的电阻

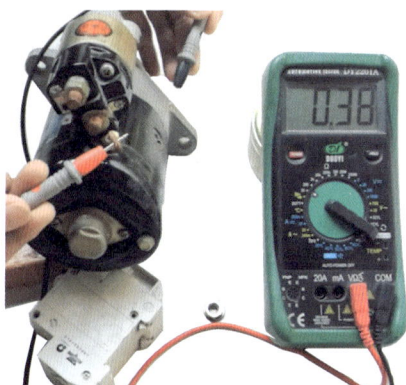

3）检测吸拉线圈的电阻。用万用表检测吸拉线圈的电阻，零点几欧姆正常，如图 3-22 所示。若不是，应检修或更换电磁开关。

4）检测"C 端子"与壳体间的电阻。用万用表检测"C 端子"与壳体间的电阻，该电阻值只能作为参考，如图 3-23 所示。若不通，应解体直流电动机进行检查。

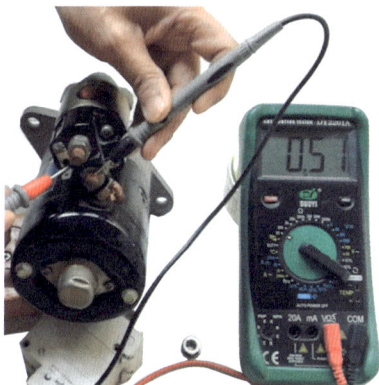

图 3-22　检测吸拉线圈的电阻　　　图 3-23　检测"C 端子"与壳体间的电阻

2. 起动机的解体检查

1）电枢的检测。用万用表检查电枢绕组各个换向器片之间应该导通，如图 3-24a 所示。换向器和电枢铁心及电枢轴之间应该绝缘，即不导通，如图 3-24b 所示。

a) 电枢绕组换向器片间通断的检测　　　b) 电枢绕组绝缘的检测

图 3-24　电枢的检测

2）定子的检测。用万用表检测定子绕组（负极电刷和搭铁点之间）的电阻，零点几欧姆为正常，如图 3-25 所示。若为无穷大，说明定子绕组有断路故障，应检修或更换定子。

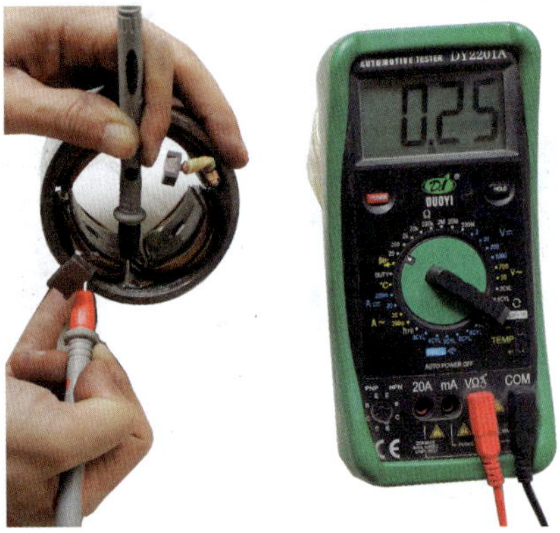

图 3-25 定子绕组电阻的检测

第三课 起动系统的使用与故障诊断

一、起动系统的正确使用

起动系统的正确使用如下：

1）起动时踩下离合器踏板，将变速器挂入空档或停车档。

2）每次接通起动机的时间不得超过 5s，两次之间应间歇 15s 以上。

3）起动机起动后应马上松开点火开关。

4）发现起动系统工作异常时，应及时诊断并排除故障后再起动。

二、起动系统的故障诊断与排除

起动系统的故障诊断与排除见表 3-1。

表 3-1 起动系统的故障诊断与排除

故障现象	故障原因	故障诊断与排除
起动机不转	1）蓄电池亏电严重 2）蓄电池正负极柱插头松动或氧化严重 3）电路接触不良或有短路处 4）起动继电器故障 5）点火开关故障 6）电磁开关故障 7）直流电动机内部故障	1）检查蓄电池状况和电源导线的连接情况 2）检查电路情况 3）检查起动继电器 4）检查点火开关 5）检查电磁开关 6）检查直流电动机
起动机运转无力	1）蓄电池亏电严重，蓄电池接线柱松动、氧化 2）换向器脏污，电刷磨损过量或电刷弹簧压力不足，使电刷接触不良 3）电路接触不良，起动机主开关接触不良 4）直流电动机内部故障	1）检查蓄电池状况和电源导线的连接情况 2）电刷磨损过量或电刷弹簧压力不足均应予以更换 3）检查电磁开关 4）检查直流电动机

（续）

故障现象	故障原因	故障诊断与排除
起动机空转	1）起动机单向离合器打滑 2）飞轮齿圈严重磨损或损坏 3）电磁开关控制的起动机，其电磁开关铁心行程太短 4）拨叉与铁心连接处脱开，或拨叉安装在单向离合器拨叉套外面	1）检查单向离合器 2）检查飞轮齿圈 3）检查电磁开关铁心行程 4）检查拨叉安装情况
起动机不能停转	1）点火开关未回位 2）电磁开关触点烧结在一起不能分离 3）电磁开关活动触点回位弹簧太软或折断 4）单向离合器在转子轴上卡滞，使驱动齿轮不能退出啮合状态	1）检查点火开关 2）检查电磁开关 3）检查单向离合器

任务实施

任务一　拆装起动机并检修

1. 任务目的描述
1）能正确拆装起动机。
2）能对起动机进行解体并检测。
3）能积极主动参与任务，能与小组成员团结协作，能执行实训室"6S"规定。

2. 任务准备
1）知识准备：完成第二课起动机的拆装与检修的学习。
2）设备准备：汽车、汽车电气设备拆装工量具、演示课件（或操作视频）。

3. 任务步骤
1）老师演示或播放视频：拆装起动机并检修。
2）学生练习拆装起动机并检修（或老师演示时同步练习），同时完成《汽车电气设备构造与维修工作页》相应部分内容的填写。

4. 任务评价
任务评价内容及标准见表3-2。

表3-2　任务评价内容及标准

序号	项目	操作内容	分值	评分标准	得分
1	准备	清点工量具、清理工位	5分	酌情扣分	
2	拆卸	从车上拆下起动机	10分	操作不当扣1~10分	
3	整机检测	整机检测并判断好坏	10分	操作不当扣1~10分	
4	解体	解体起动机	10分	操作不当扣1~10分	
5	解体后检测	解体后检测各组成部分	10分	操作不当扣1~10分	
6	组装	组装起动机	10分	操作不当扣1~10分	
7	安装	把起动机安装到车上	10分	操作不当扣1~10分	

（续）

序号	项目	操作内容	分值	评分标准	得分
8	测试	测试发动机能否正常起动	10 分	操作不当扣 1~10 分	
9	完成时间	120min	10 分	超时 1~5min 扣 1~5 分 超时 5min 以上扣 10 分	
10	安全文明	无安全隐患，无不文明操作	5 分	未达标扣 1~5 分	
11	结束	工量具清洁归位	5 分	漏一项扣 1 分，未做扣 5 分	
		工作场地清洁	5 分	清洁不彻底扣 1~5 分，未做扣 5 分	
		总分	100 分		

任务二　起动系统的故障诊断与排除

1. 任务目的描述

1）能从全车电路图中识读出起动系统。

2）能检测起动系统各部件之间连接点的电压。

3）能积极主动参与任务，能与小组成员团结协作，能执行实训室"6S"规定。

2. 任务准备

1）知识准备：完成第三课起动系统的使用与故障诊断的学习。

2）设备准备：汽车、汽车电气设备拆装工量具、演示课件（或操作视频）。

3. 任务步骤

1）老师演示或播放视频：起动系统的故障诊断与排除。

2）学生练习起动系统的故障诊断与排除（或老师演示时同步练习），并完成《汽车电气设备构造与维修工作页》相应部分内容的填写。

4. 任务评价

任务评价内容及标准见表 3-3。

表 3-3　任务评价内容及标准

序号	项目	操作内容	分值	评分标准	得分
1	准备	清点工量具、清理工位	5 分	酌情扣分	
2	查找部件	查找起动系统组成部件	10 分	操作不当扣 1~10 分	
3	识读电路	识读起动电路	10 分	操作不当扣 1~10 分	
4	检测电路	电路检测	10 分	操作不当扣 1~10 分	
5	分析诊断	根据测量数据，诊断并排除故障	10 分	操作不当扣 1~10 分	
6	部件检测	判断零部件好坏	10 分	操作不当扣 1~10 分	
7	更换部件	安全规范地更换部件	10 分	操作不当扣 1~10 分	
8	测试	起动发动机，检查故障是否排除	10 分	操作不当扣 1~10 分	
9	完成时间	160min	10 分	超时 1~5min 扣 1~5 分 超时 5min 以上扣 10 分	

（续）

序号	项目	操作内容	分值	评分标准	得分
10	安全文明	无安全隐患，无不文明操作	5分	未达标扣1~5分	
11	结束	工量具清洁归位	5分	漏一项扣1分，未做扣5分	
		工作场地清洁	5分	清洁不彻底扣1~5分，未做扣5分	
		总分	100分		

巩固与提高

一、填空题

1. 汽车发动机从开始转动到怠速运转的全过程，称为发动机的_____。

2. 发动机常用的起动方式有_____起动、_____起动和_____起动。

3. 汽车起动系统主要由蓄电池、_____、点火开关和起动继电器等组成。

4. 起动机的作用是将蓄电池输入的电能转换为_____，产生电磁转矩来驱动发动机曲轴完成起动。

5. 起动机由_____、_____和_____三大部分组成。

6. 点火开关置于_____档，起动系统工作。

二、单项选择题

1. 下列不属于起动机部件的是（　　　）。

A. 直流电动机　　　　　B. 电磁开关　　　　　C. 单向离合器　　　　　D. 电压调节器

2. 起动机的控制机构不包括（　　　）。

A. 吸拉线圈　　　　　B. 保持线圈　　　　　C. 单向离合器　　　　　D. 活动铁心

3. 起动机直流电动机定子的作用是（　　　）。

A. 产生磁场　　　　　B. 产生直流电　　　　　C. 产生电磁转矩　　　　　D. 产生交流电

4. 拨叉折断，起动时起动机（　　　）。

A. 空转

C. 不转

B. 转动无力

D. 单向离合器打滑

5. 点火开关接通时，推动驱动小齿轮和飞轮齿圈啮合的部件是（　　　）。

A. 回位弹簧　　　　　B. 单向离合器　　　　　C. 拨叉　　　　　D. 主开关接触盘

6. 起动时，起动机的转矩传递给（　　　）。

A. 活塞　　　　　B. 连杆　　　　　C. 凸轮轴　　　　　D. 曲轴

7. 起动机用直流电动机将电能转化为（　　　）。

A. 化学能　　　　　B. 机械能　　　　　C. 原子能　　　　　D. 光能

8. 发动机起动后，避免直流电动机被飞轮反拖高速旋转的起动机装置是（　　　）。

A. 减速装置　　　　　B. 励磁线圈　　　　　C. 拨叉　　　　　D. 单向离合器

9. 与起动机驱动齿轮啮合的零件是（　　　）。

A. 变速器输入轴　　　　　B. 变速器输出轴　　　　　C. 飞轮　　　　　D. 凸轮轴

10. 点火开关故障会导致（　　　）。

A. 起动机不转

C. 起动机异响

B. 起动机空转

D. 起动机失去自动保护功能

三、判断题

1. 现在绝大多数汽车采用辅助汽油机起动方式。（　　　）

2. 起动机安装在汽车发动机飞轮壳上。（　　）

3. 现代汽车普遍采用强制啮合式起动机。（　　）

4. 汽车起动由点火开关控制。（　　）

5. 起动机工作时，起动机驱动齿轮和飞轮齿轮啮合在一起。（　　）

6. 永磁型起动机的转子是永久磁铁。（　　）

7. 起动过程中，起动机转速小于飞轮齿圈的转速。（　　）

四、问答题

1. 简述起动系统的作用。

2. 简述直流电动机的工作原理。

3. 如何正确使用起动系统？

项目四

点火系统的拆装与检修

学习目标

知识目标

1. 识别微机控制点火系统各部件在车上的安装位置。
2. 了解传统点火系统的组成和工作原理。
3. 掌握微机控制点火系统的组成、分类和工作原理。

技能目标

1. 能正确拆装微机控制点火系统的火花塞。
2. 会分析点火系统电路，进行点火系统常见故障的诊断与排除。

情感目标

1. 树立"安全第一"的生产理念。
2. 培养吃苦耐劳的精神。

典型工作任务

1. 拆装火花塞并检测。
2. 拆装点火线圈并检测。
3. 点火系统的故障诊断与排除。

知识准备

第一课　点火系统概述

一、点火系统的作用

能够在火花塞两电极间产生电火花的全部设备称为发动机点火系统，点火系统的作用是在发动机各种工况和使用条件下，在气缸内适时、准确、可靠地产生电火花，以点燃可燃混合气，使发动机做功。

一般汽车点火系统所产生的最高电压大都在 15000~25000V 范围内，以保证火花塞电极间跳火点燃可燃混合气。气缸数不同的发动机工作顺序是不同的，点火系统要按照发动机做功的顺序进行点火。由于可燃混合气燃烧有一个过程，所以应提前点火。准确的点火时刻应在压缩行程活塞接近上止点前，称为点火正时。从点火开始到活塞运行到上止点时曲轴所转过的角度，称为点火提前角。

二、点火系统的类型

汽车点火系统经历了传统点火系统、电子点火系统和微机控制点火系统三个阶段，现在的汽车广泛采用微机控制的点火系统。

1. 传统点火系统

传统点火系统如图 4-1 所示，它主要由蓄电池、点火开关、点火线圈、分电器、断电器和火花塞等组成。点火线圈实际上是一个升压变压器，其主要由一次绕组、二次绕组和铁心组成。断电器凸轮由发动机配气凸轮驱动，断电器凸轮的凸棱数一般等于发动机的气缸数，断电器的触点与点火线圈的一次绕组串联，用来切断或接通一次绕组的电路。

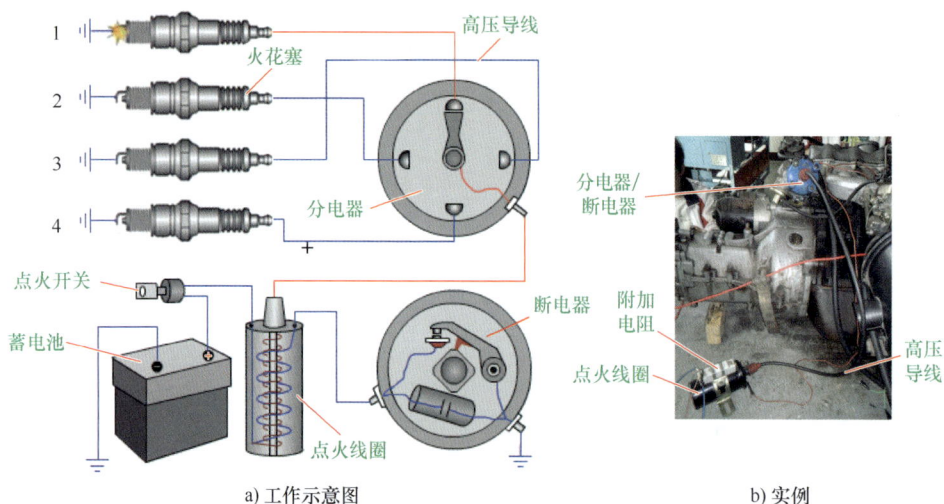

图 4-1　传统点火系统

触点闭合时，一次电路通电，一次电流从蓄电池正极→点火开关→点火线圈的一次绕组→断电器触点臂触点→搭铁→蓄电池负极，为低压电路。在一次绕组通电时，其周围产生磁场，并由于铁心的作用而加强。当断电器凸轮顶开触点时，一次电路被切断，一次电路迅速下降到零，铁心中的磁通随之迅速衰减，以至消失，因而在匝数多、导线细的二次绕组中感应出很高的电压，使火花塞两极之间的间隙被击穿，产生火花。

在断电器触点分开瞬间，二次电路中分火头恰好与侧电极对准，二次电流从点火线圈二次绕组→点火开关→蓄电池正极→蓄电池搭铁→火花塞侧电极→火花塞中心电极→高压导线→分电器→点火线圈二次绕组。

传统点火系统的优点是维护方便、价格便宜和结构简单，缺点是触点非常容易产生电火花，使触点烧蚀，让接触受到影响，特别是在发动机的转速比较高时，触点闭合的时间较短，不足的高压电会造成高速失火，让发动机在运行时无力和抖动。触点是机械式的，接触不良、金属疲劳和凸轮磨损等故障容易出现。传统点火系统，对控制点火提前角是通过真空提前和离心提前进行的，不能精确地控制点火提前角。

传统点火系统主要零件如图 4-2 所示。

2. 电子点火系统

晶体管技术的发展，集成电路的产生，电子点火系统就替代了传统点火系统，如图 4-3 所示。电子点火系统由蓄电池、点火开关、点火线圈、电子点火器、点火信号发生器、分电器和火花塞等组成。

a) 火花塞　　　　　　　　b) 分电器/断电器

c) 分电器盖　　　　　　　d) 点火线圈

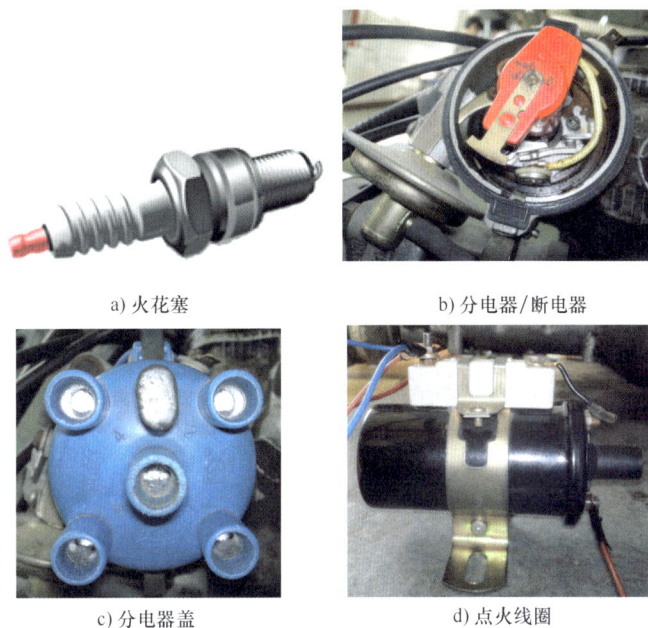

图 4-2　传统点火系统主要零件

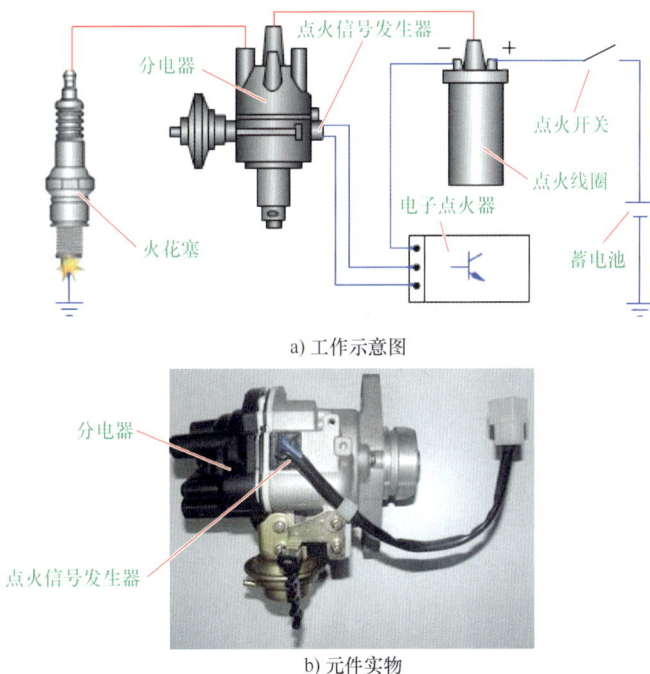

a) 工作示意图

b) 元件实物

图 4-3　电子点火系统

　　电子点火系统用一个开关晶体管代替传统点火系统的触点，用点火信号发生器控制开关晶体管的导通和截止，从而接通和断开点火线圈一次绕组的电路，产生高压电让火花塞跳火。点火信号发生器的触发信号主要有霍尔式、光电式和磁电式等多种方式，这些信号都发送给电子点火器的控制端，让电子开关的通断得到控制。电子开关不会有接触不良的反应，也不会产生电火花，这样就把触点式的点火系统缺点得到了改进，缺点是不能精确地控制点火提前角。

3. 微机控制点火系统

随着微型计算机的迅猛发展，微机控制点火系统迅速普及。微机控制点火系统依靠计算机强大的分析处理数据的能力，根据发动机的不同运行工况不断修正点火提前角，以获得最佳的点火时刻，改善发动机性能，使发动机工作时的动力性和经济性达到最佳，排放污染最小。微机控制点火系统的类型如图4-4所示。

图 4-4　微机控制点火系统的类型

（1）有分电器式微机控制点火系统　有分电器式微机控制点火系统如图4-5所示，它主要由蓄电池、点火开关、点火线圈、传感器、电控单元（ECU）、点火器、分电器和火花塞等组成。各种传感器的信号传给电控单元，当曲轴转角等于最佳点火提前角时，电控单元立即向点火器发出控制指令，使功率晶体管截止，点火线圈一次电流被切断，二次绕组产生高压，并按发动机点火顺序分配到各缸火花塞跳火，点燃可燃混合气。

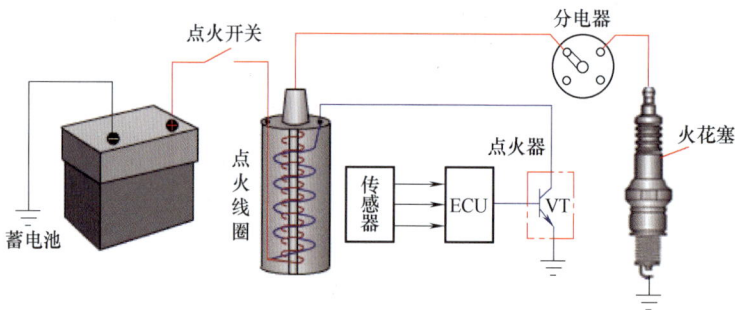

图 4-5　有分电器式微机控制点火系统

（2）无分电器式微机控制点火系统

1）双缸同时点火系统。配对点火的两个气缸的活塞必须同时到达上止点，及一个气缸处于压缩行程上止点时，另一个气缸处于排气行程上止点。双缸同时点火系统有二极管分配式和点火线圈分配式两种。

二极管分配式双缸同时点火系统原理图如图4-6所示。

点火顺序为1、3、4、2的四缸四冲程发动机，当电控单元接收到曲轴位置传感器发出的相应信号时，会向点火器发出触发点火信号（此处以1、4缸为例），控制器的控制回路使VT1截止，一次绕组A中的电流被切断，在二次绕组中感应出上"+"下"-"的高压电，经1缸和4缸火花塞构成回路，两个火花塞同时跳火，此时1缸接近压缩终了，混合气被点燃，而4缸正在排气，火

图 4-6　二极管分配式双缸同时点火系统原理图

花塞空火。曲轴转过 180° 后，电控单元接到传感器信号后再次向点火控制器发出触发信号，VT2 截止，一次绕组 B 中电流被切断，二次绕组中感应出下 "+" 上 "−" 的高压电，并经 2 缸和 3 缸火花塞构成回路，2 缸和 3 缸火花塞同时跳火，此时 3 缸点火，2 缸火花塞空火。以此类推，发动机曲轴转两周各缸做功一次。

点火线圈分配式双缸同时点火系统如图 4-7 所示。

几个相互屏蔽的、结构独立的点火线圈组合成一体，称为点火线圈组件。4 缸发动机的点火线圈组件有两个独立的点火线圈，6 缸发动机的点火线圈组件有三个独立的点火线圈。每个点火线圈供给配对的两个缸的火

图 4-7　点火线圈分配式双缸同时点火系统

花塞高压电。点火控制器中有与点火线圈数量相等的功率晶体管，各控制一个点火线圈的工作。点火控制器根据电控单元提供的点火信号，由气缸判别电路按点火顺序轮流触发功率晶体管，使其导通或截止，以此控制点火线圈一次绕组的通断，产生二次电压而点火。有些点火线圈分配式同时点火系统，在点火线圈的二次绕组中串联一个高压二极管，其作用是防止高速时一次绕组导通而产生的二次电压形成误点火。还有的无分电器点火系统点火线圈的二次绕组与火花塞之间的高压电路中留有 3~4mm 的间隙，其作用与二次绕组中串联的高压二极管的作用一样，防止一次电路接通时的误点火。

2）单缸独立点火系统。单缸独立点火系统如图 4-8 所示。点火线圈直接安装在火花塞上，一个气缸一个独立的点火线圈。这样就取消了分电器和高压线，能量传导损失及漏电损失极小，没有机械磨损，而且各缸的点火线圈和火花塞装配在一起，外用金属包裹，大幅减少了电磁干扰，可以保障发动机电控系统的正常工作。这种点火方式通过凸轮轴位置传感器或通过监测气缸压缩来实现精确点火，它适用于任何缸数的发动机。

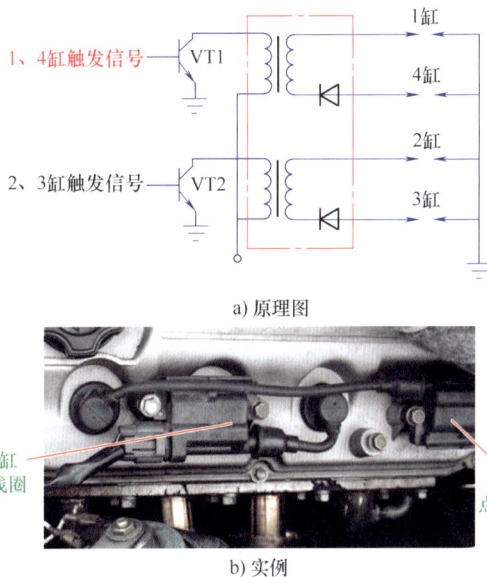

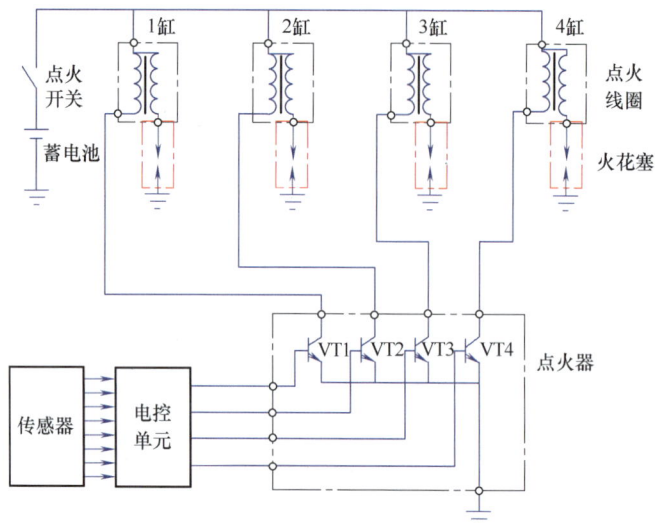

a) 原理图

b) 实例

图 4-8　单缸独立点火系统

第二课　**点火系统主要元器件的检修**

一、火花塞

1. 火花塞的作用

火花塞的作用是将点火线圈产生的高压电引入发动机燃烧室，通过其电极间间隙产生火花放电，点燃可燃混合气。

2. 火花塞的结构及类型

火花塞的结构如图 4-9 所示，它主要由侧电极、中心电极、铜芯、绝缘瓷芯和端子等组成。侧电极和中心电极之间用高氧化铝绝缘瓷芯隔开，端子用于与高压线连接，六角形外壳部分供拆装火花塞用。火花塞下部制有螺纹，安装时拧入气缸盖相应的火花塞座孔中。为了保证火花塞在装入气缸盖后气缸的密封性，钢壳螺纹的上端还有铜包石棉的密封垫圈。

实践证明，火花塞绝缘体保持在 500~600℃ 温

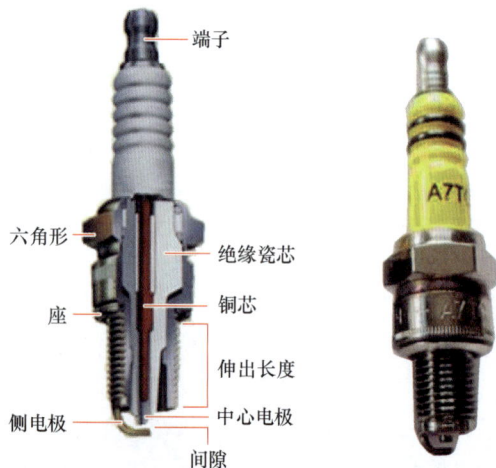

图 4-9　火花塞的结构

度时，落在绝缘体上的油滴能立即烧去不会形成积炭，高于这个温度会早燃，低于这个温度则有积炭。在不同发动机上的温度会不一样，设计者就利用绝缘体裙部的长度来解决这个矛盾。

火花塞发火部位的热量向发动机冷却系统散发的性能，称为火花塞的热特性。目前，各国对火花塞的热特性表示方法不完全相同，但比较通行的做法是用热值表示（热值是指火花塞散掉所吸热量的程度）。通常用阿拉伯数字表示热值的高低，一般数值越大，表示火花塞越冷。热值代号1、2、3 为热型火花塞，4、5、6 为中型火花塞，7、8、9、10、11 为冷型火花塞，如图 4-10 所示。

热型火花塞适用于低速、低压缩比和小功率发动机，冷型火花塞适用于高速、高压缩比和大功率发动机，转速、压缩比和功率介于两者之间的发动机应采用中型火花塞。

3. 火花塞的使用与维护

（1）火花塞的型号规格必须符合发动机要求　对于某型号的发动机，其火花塞的型号规格是通过实验确定的。因此在使用中，必须配用发动机制造厂或公司推荐使用型号的火花塞。

（2）合理选用火花塞密封垫圈　安装平座型火花塞时，只用一个密封垫圈。安装锥座型火花塞时，不得使用密封垫圈。

（3）火花塞应定期拆下清洗和清除积炭　一般情况下，汽车每运行 5000km，火花塞应拆下清洗一次并将积炭清除。正常的火花塞瓷芯表面洁净，呈白色或淡棕色，或瓷芯上只有微薄的一层褐色粉末状积炭，电极完整无缺损，这说明火花塞选型正确，使用条件良好。出现黑（积炭）或湿黑（油污）色为性能不良，应更换火花塞，如图 4-11 所示。

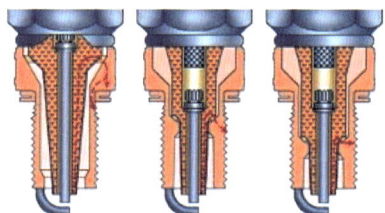

a) 热型火花塞　b) 中型火花塞　c) 冷型火花塞

图 4-10　火花塞的类型

a) 火花塞工作正常　　　　b) 火花塞积炭

图 4-11　火花塞的工作情况

（4）火花塞电极间隙应定期调整　一般情况下，汽车每行驶 15000～20000km，火花塞电极间隙应调整一次。火花塞电极间隙过大通常是电极烧蚀所致。火花塞电极间隙一般标准为 0.7～0.9mm，检查时应使用火花塞电极间隙量规。火花塞间隙过大，则在发动机高速时易缺火或不能跳火。火花塞间隙过小，则易产生积炭，甚至不能跳火。

（5）火花塞发火性能的检查　在点火系统其他元件无故障的情况下，将火花塞放在气缸盖上，接好高压线，起动发动机，观察火花塞的跳火情况。若火花塞电极间跳火强烈，说明火花塞良好，否则为发火性能不良，应予以更换。

> **职场健康与安全：**
>
> 火花塞需要更换时，同一台发动机的火花塞必须全部更换，以保证各缸点火性能一致。

二、点火线圈

1. 点火线圈的作用

点火线圈的作用是将低压电变为高压电，以满足火花塞跳火的需要。点火线圈里面有两组绕组，即一次绕组和二次绕组。一次绕组用较粗的漆包线，二次绕组用较细的漆包线。一次绕组的一端与汽车上低压电源（+）连接，另一端与开关装置（断电器或点火器）连接。二次绕组的连接方式要看是什么点火线圈。

当一次绕组接通电源时，随着电流的增大，四周产生一个很强的磁场，铁心储存了磁场能。当开关装置使一次绕组电路断开时，一次绕组的磁场迅速衰减，二次绕组就会感应出很高的电压。一次绕组的磁场消失速度越快，电流断开瞬间的电流越大，两个绕组的匝数比越大，则二次绕组感应出来的电压就越高。

2. 点火线圈的类型

点火线圈按磁路的结构形式不同，可分为开磁路式和闭磁路式两种。传统的点火线圈是开磁路式，其铁心用 0.3mm 左右的硅钢片叠成，铁心上绕有一次绕组与二次绕组。其接线柱有两接线柱式和三接线柱式，如图 4-12 所示。三接线柱式外壳上有一个附加电阻，该附加电阻具有受热时电阻迅速增大，而冷却时电阻迅速减小的特性。发动机起动时附加电

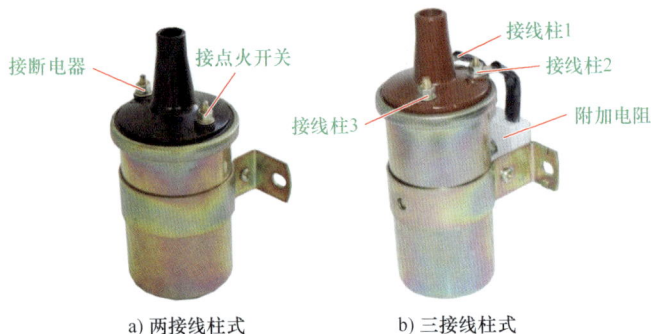

a) 两接线柱式　　　　b) 三接线柱式

图 4-12　传统点火线圈

阻被起动机附加电阻短路接线柱短接，以利于发动机起动。发动机起动后，附加电阻串联在点火系统的一次电路中，可以自动调节一次电流，改善点火的特性。

闭磁路式点火线圈采用"日"字形或"口"字形的铁心绕一次绕组和二次绕组，磁力线由铁心构成闭合磁路，如图 4-13 所示。闭磁路式点火线圈的优点是漏磁少、能量损失小、体积小，因此电子及微机控制点火系统普遍采用。

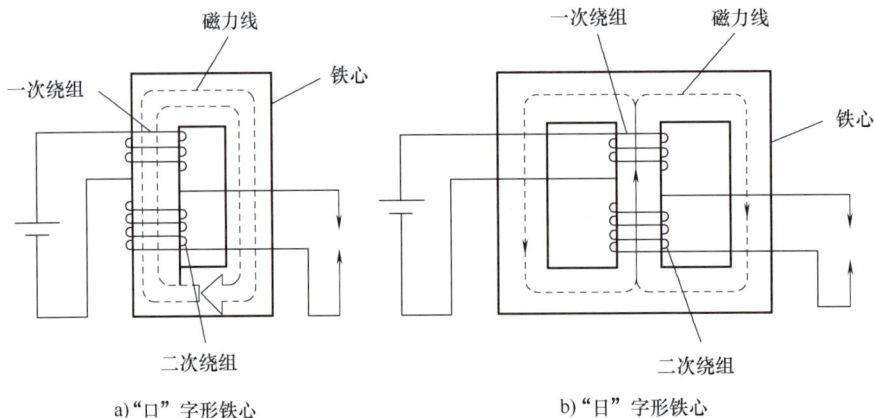

a)"口"字形铁心　　　　　　　　　　b)"日"字形铁心

图 4-13　闭磁路式点火线圈

职场健康与安全：

对于传统两接线柱的点火线圈，其本身不带附加电阻，附加电阻的功能由点火开关至点火线圈"+"接线柱的附加电阻线来完成，因此这根附加电阻线是不能用普通电线代替的。

3. 点火线圈的检修

（1）传统点火线圈的检修　传统点火线圈的结构如图 4-14 所示。

图 4-14　传统点火线圈的结构

1）外观检查。查看点火线圈的外表面，如发现其胶木盖裂损、接线松动、外壳变形、工作时温度过高、填充物外溢和高压插座接触不良等现象时，说明其质量不良，应更换新件。

2）一次绕组和二次绕组电阻及绝缘的检测。用万用表欧姆档检测一次绕组电阻（"-"接线柱与起动机附加电阻短路接线柱之间）和二次绕组电阻（高压线插座与起动机附加电阻短路接线柱之间），均应符合维修手册上规定的电阻值。检测一次绕组与外壳之间的绝缘电阻，应为无穷大，否则更换点火线圈。

（2）电子及微机控制点火线圈的检修

1）外观检查。目测点火线圈，若有绝缘盖破裂或外壳碰裂，就会受潮而失去点火能力，应予以更换。

2）换件法检查。怀疑某个点火线圈有问题，可换上一个没有问题的点火线圈，若发动机故障排除，更换新的点火线圈即可。

3）一次绕组和二次绕组断路、短路和搭铁的检查。检查点火线圈或点火线圈组件时，注意每个点火线圈都要检查，如果点火线圈二次绕组输出端连接有高压二极管，则无法用万用表欧姆档检查二次绕组的通断；如果点火控制器的大功率晶体管和点火线圈一体，则无法用万用表欧姆档检查一次绕组的通断。点火线圈组件中若有一个二极管或大功率晶体管损坏，就应整体更换。

4）发火性能的检查。可以用检查火花塞好坏的方法检查点火线圈的好坏，此处不再重复。

电子及微机控制点火线圈有 2 线、3 线、4 线等结构，在维修中应根据不同情况采取不同的检查方法。

1）2 线点火线圈。2 线点火线圈第一种情况如图 4-15 所示，①为电源线，②为信号线，二次绕组的一端接入一次绕组，通过蓄电池形成回路。这种 2 线点火线圈通常安装在低端或者比较老旧的车辆上面。

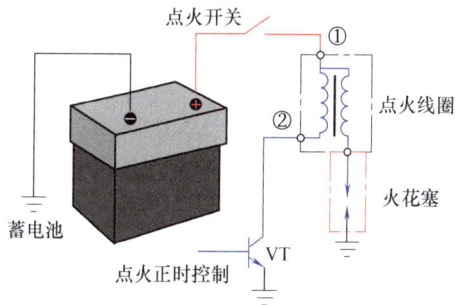

图 4-15　2 线点火线圈第一种情况

2线点火线圈第二种情况如图4-16所示，一个点火线圈控制两个缸（点火线圈分配式）。①为电源线，②为信号线，二次绕组两端都安装火花塞。这种2线点火线圈通常安装在面包车上面。

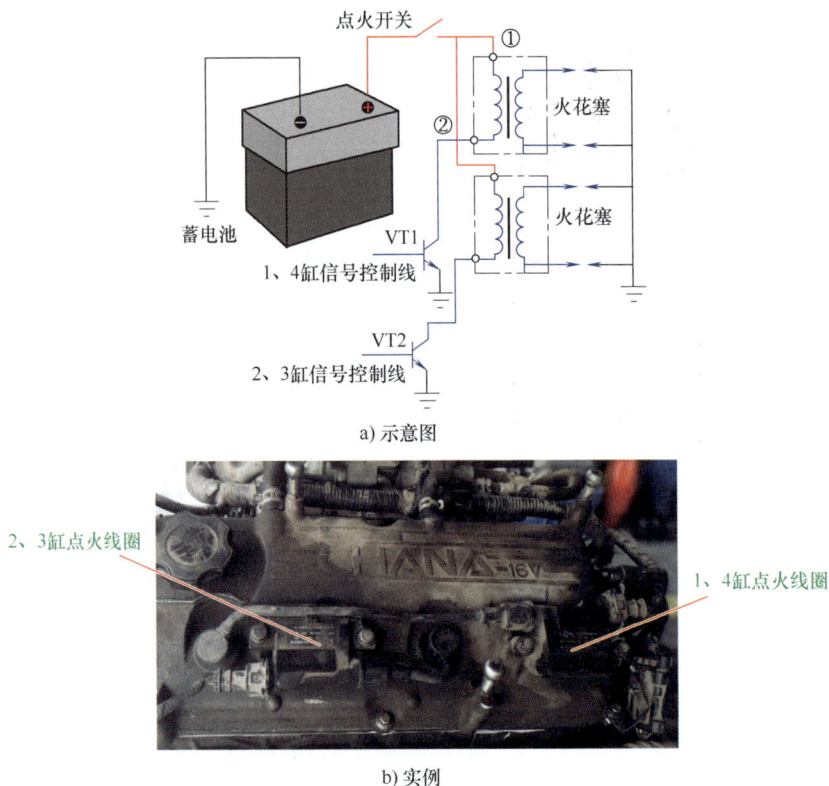

a) 示意图

b) 实例

图4-16 2线点火线圈第二种情况

2）3线点火线圈。3线点火线圈如图4-17所示，①为电源线，②为信号线，③为二次绕组搭铁线。这种3线点火线圈是某些车型的独立点火线圈。

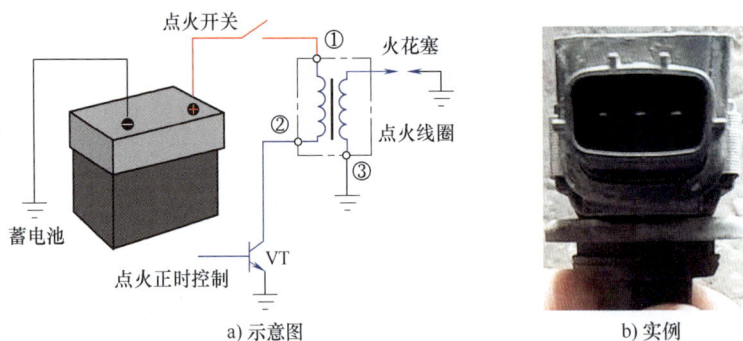

a) 示意图   b) 实例

图4-17 3线点火线圈

3）4线点火线圈。4线点火线圈第一种情况如图4-18所示，①为电源线，②为信号线，③为一次绕组搭铁线，④为二次绕组搭铁线。这种4线点火线圈为大众波罗等车型采用。

4线点火线圈第二种情况如图4-19所示，①为电源线，②为点火线圈反馈给电控单元的信号线，③为电控单元供给点火线圈的信号线，④为一次绕组搭铁线。二次绕组的一端接入一次绕组，通过蓄电池形成回路。发动机如果发现点火线圈未点火，就会控制切断燃油。这种4线点火线圈主要是丰田车使用。

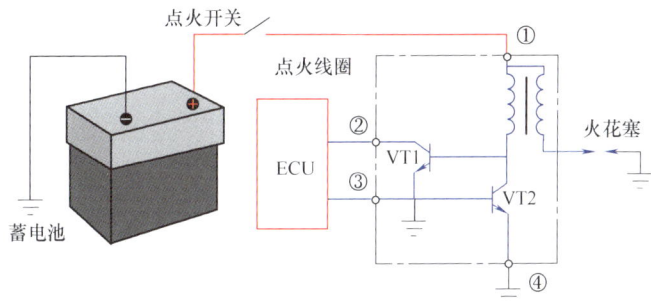

a) 示意图

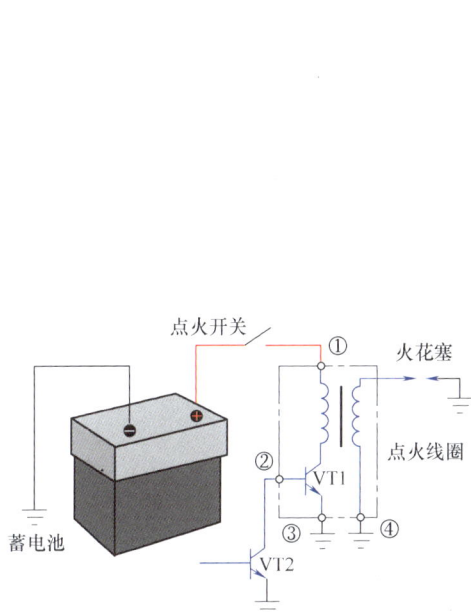

图 4-18 4 线点火线圈第一种情况

b) 实例

图 4-19 4 线点火线圈第二种情况
（带反馈线的点火线圈）

4 线点火线圈第三种情况如图 4-20 所示，①为电源线，②为控制与反馈线，③为一次绕组搭铁线，④为二次绕组搭铁线。这种点火线圈带 IC，控制与反馈线相当于 LIN 线。这种 4 线点火线圈为奔驰等车型采用。

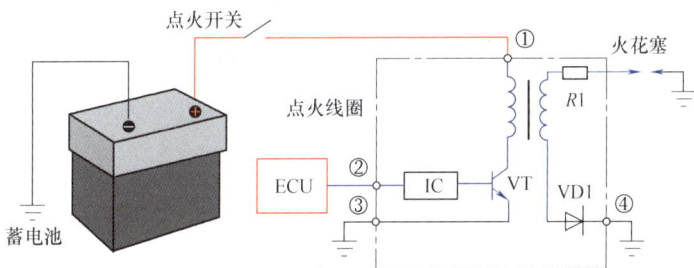

图 4-20 4 线点火线圈第三种情况（反馈与控制集成为一根线）

4 线点火线圈第四种情况如图 4-21 所示，①为电源线，②为 1、4 缸信号线，③为 2、3 缸信号线，④为一次绕组搭铁线。

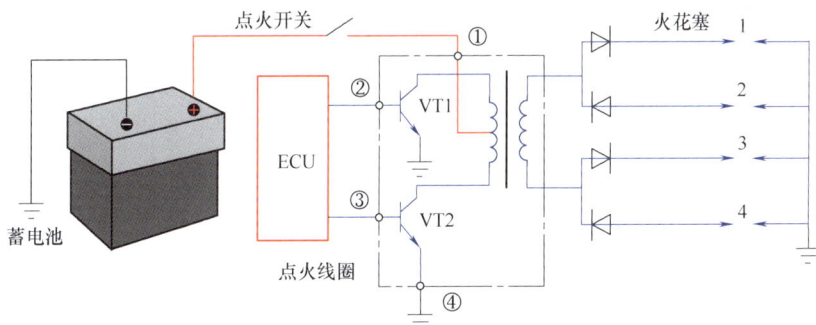

图 4-21 4 线点火线圈第四种情况（二极管分配式）

4线点火线圈第五种情况如图4-22所示，①为电源线，②为1、4缸信号线，③为2、3缸信号线，④为一次绕组搭铁线。

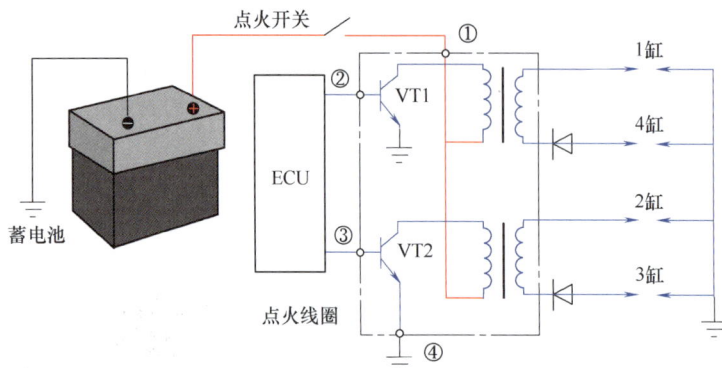

a) 示意图

b) 实例

c) 点火线圈实物图

图 4-22　4线点火线圈第五种情况（点火线圈分配式）

三、高压线

高压线用来连接点火线圈和火花塞（或分电器），把高压线从火花塞上拔下，把高压线靠近气缸盖，然后打火，看高压线和气缸盖之间跳火情况就能看出高压线是否导通了。高压线的常见损坏形式是漏电和断路，高压线从发动机上拆下观察其外表，如有破损、龟裂或有击穿漏电的痕迹应更换。高压线的电阻值应符合要求。

第三课　点火系统的故障诊断与排除

汽车发动机广泛采用无分电器式微机控制点火系统，下面就点火线圈分配式、二极管分配式和单缸独立点火系统的故障诊断与排除进行讲述。

一、点火线圈分配式点火系统的故障诊断与排除

点火线圈分配式点火系统，一个点火线圈由两个气缸共用。所以，一次试火就可以检查出两个气缸的工作情况。怀疑某个缸有问题，就把该缸的高压线拔下，将高压线距离缸体 1~2mm 进行试火。现以直列 4 缸发动机的 1、4 缸为例，检查步骤如图 4-23 所示。

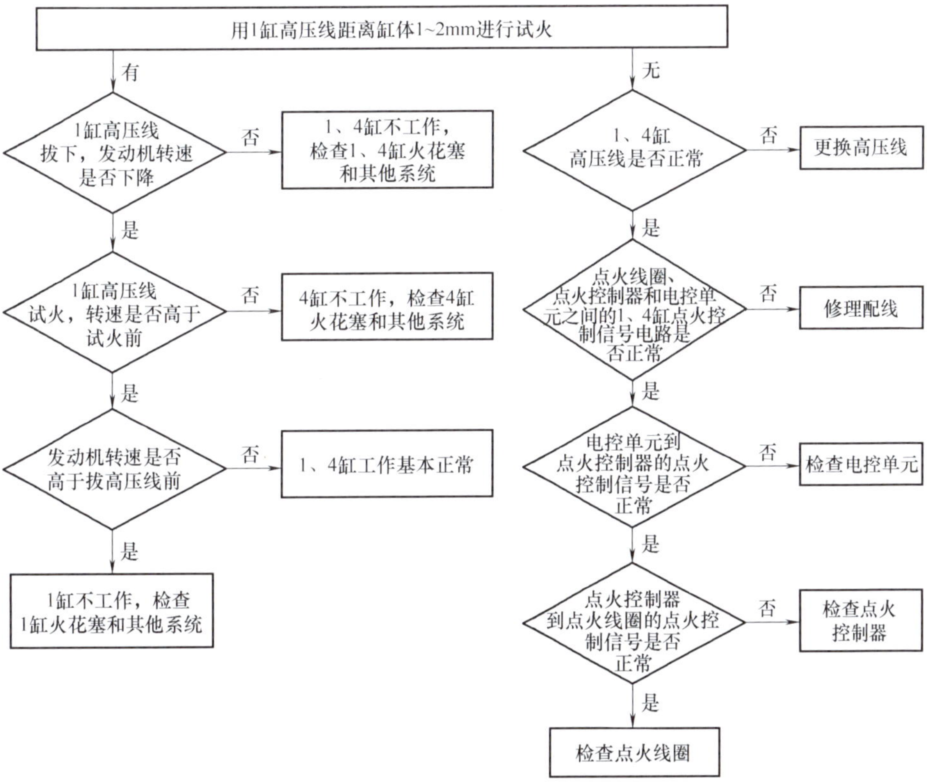

图 4-23　点火线圈分配式发动机个别气缸工作情况检查程序

二、二极管分配式点火系统的故障诊断与排除

二极管分配式点火系统可能出现的故障情况分析如下：

1）如果某个高压二极管断路，那么与该高压二极管相连的两个气缸都不能工作，发动机会出现不能起动或起动困难、怠速抖动、加速无力、冒黑烟和油耗增加等严重的故障现象。

2）如果某个高压二极管短路，则与该高压二极管相连的另一个火花塞会在活塞处于进气行程末期与压缩行程的初期之间产生错误的点火，造成发动机不能正常运转，出现回火和爆燃等故障现象。

3）如果高压二极管和点火线圈制造成一体，可以直接参照图4-23所示个别气缸工作不良的故障进行诊断；如果高压二极管没有和点火线圈制造成一体，可以首先通过点火线圈给高压二极管加正反向高压，检查高压二极管是否正常，然后再参照图4-23所示个别气缸工作不良的故障进行诊断。

三、单缸独立点火系统的故障诊断与排除

采用单缸断油法或单缸断火法确定出工作不良的气缸后，可以拆下故障气缸的点火线圈，将点火线圈输出端（必要时加导线或火花塞引出）距离缸体约10mm，用起动机驱动进行试火，检查步骤如图4-24所示。

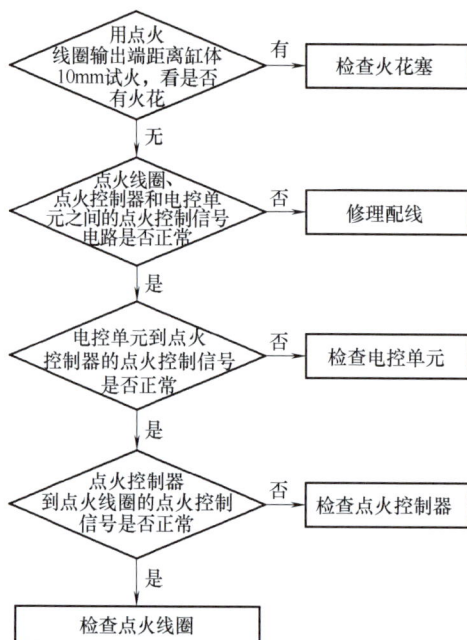

图4-24　单缸独立点火发动机个别气缸工作情况检查程序

职场健康与安全：

进行某些检测时，控制单元有可能识别并储存故障。因此，检测及维修后，应查询并清除故障存储器内部故障码。

任务实施

任务一　拆装火花塞并检测

1. 任务目的描述

1）能正确拆装火花塞。

2）能对火花塞进行试火。

3）能积极主动参与任务，能与小组成员团结协作，能执行实训室"6S"规定。

2. 任务准备

1）知识准备：完成第二课点火系统主要元器件的检修的学习。

2）设备准备：汽车、汽车电气设备拆装工量具、演示课件（或操作视频）。

3. 任务步骤

1）老师演示或播放视频：拆装火花塞并检测。

2）学生练习拆装火花塞并检测（或老师演示时同步练习），同时完成《汽车电气设备构造与维修工作页》相应部分内容的填写。

4. 任务评价

任务评价内容及标准见表4-1。

表4-1　任务评价内容及标准

序号	项目	操作内容	分值	评分标准	得分
1	准备	清点工量具、清理工位	5分	酌情扣分	
2	拆卸	拆卸可能有故障的火花塞	14分	操作不当扣1~14分	
3	试火	起动发动机试火	14分	操作不当扣1~14分	
4	检测	检测火花塞间隙	14分	操作不当扣1~14分	
5	安装	安装火花塞	14分	操作不当扣1~14分	
6	测试	起动发动机检查故障情况	14分	操作不当扣1~14分	
7	完成时间	40min	10分	超时1~5min扣1~5分 超时5min以上扣10分	
8	安全文明	无安全隐患，无不文明操作	5分	未达标扣1~5分	
9	结束	工量具清洁归位	5分	漏一项扣1分，未做扣5分	
		工作场地清洁	5分	清洁不彻底扣1~5分，未做扣5分	
	总分		100分		

任务二　拆装点火线圈并检测

1. 任务目的描述

1）能正确拆装点火线圈。

2）能检测并判断点火线圈的好坏。

3）能积极主动参与任务，能与小组成员团结协作，能执行实训室"6S"规定。

2. 任务准备

1）知识准备：完成第二课点火系统主要元器件的检修的学习。

2）设备准备：汽车、汽车电气设备拆装工量具、演示课件（或操作视频）。

3. 任务步骤

1）老师演示或播放视频：拆装点火线圈并检测。

2）学生练习拆装点火线圈并检测（或老师演示时同步练习），同时完成《汽车电气设备构造与维修工作页》相应部分内容的填写。

4. 任务评价

任务评价内容及标准见表4-2。

表 4-2　任务评价内容及标准

序号	项目	操作内容	分值	评分标准	得分
1	准备	清点工量具、清理工位	5 分	酌情扣分	
2	拆卸	拆卸可能有故障的点火线圈	14 分	操作不当扣 1~14 分	
3	试火	起动发动机试火	14 分	操作不当扣 1~14 分	
4	测试	检测点火线圈接线柱电压	14 分	操作不当扣 1~14 分	
5	安装	安装点火线圈	14 分	操作不当扣 1~14 分	
6	测试	起动发动机检查故障情况	14 分	操作不当扣 1~14 分	
7	完成时间	40min	10 分	超时 1~5min 扣 1~5 分 超时 5min 以上扣 10 分	
8	安全文明	无安全隐患，无不文明操作	5 分	未达标扣 1~5 分	
9	结束	工量具清洁归位	5 分	漏一项扣 1 分，未做扣 5 分	
		工作场地清洁	5 分	清洁不彻底扣 1~5 分，未做扣 5 分	
	总分		100 分		

任务三　点火系统的故障诊断与排除

1. 任务目的描述

1）能从全车电路图中识读出点火系统。

2）能检测点火系统各部件之间连接点的电压。

3）能积极主动参与任务，能与小组成员团结协作，能执行实训室"6S"规定。

2. 任务准备

1）知识准备：完成第三课点火系统的故障诊断与排除的学习。

2）设备准备：汽车、汽车电气设备拆装工量具、演示课件（或操作视频）。

3. 任务步骤

1）老师演示或播放视频：点火系统的故障诊断与排除。

2）学生练习点火系统的故障诊断与排除（或老师演示时同步练习），并完成《汽车电气设备构造与维修工作页》相应部分内容的填写。

4. 任务评价

任务评价内容及标准见表 4-3。

表 4-3　任务评价内容及标准

序号	项目	操作内容	分值	评分标准	得分
1	准备	清点工量具、清理工位	5 分	酌情扣分	
2	查找部件	查找点火系统组成部件	10 分	操作不当扣 1~10 分	
3	识读电路	识读点火系统电路	10 分	操作不当扣 1~10 分	
4	检测电路	电路检测	10 分	操作不当扣 1~10 分	
5	分析诊断	根据测量数据，诊断并排除故障	10 分	操作不当扣 1~10 分	
6	部件检测	判断零部件好坏	10 分	操作不当扣 1~10 分	
7	更换部件	安全规范地更换部件	10 分	操作不当扣 1~10 分	
8	检测	起动发动机检查故障情况	10 分	操作不当扣 1~10 分	

（续）

序号	项目	操作内容	分值	评分标准	得分
9	完成时间	160min	10 分	超时 1~5min 扣 1~5 分 超时 5min 以上扣 10 分	
10	安全文明	无安全隐患，无不文明操作	5 分	未达标扣 1~5 分	
11	结束	工量具清洁归位	5 分	漏一项扣 1 分，未做扣 5 分	
		工作场地清洁	5 分	清洁不彻底扣 1~5 分，未做扣 5 分	
		总分	100 分		

巩固与提高

一、填空题

1. 从点火开始到活塞运行到上止点时曲轴所转过的角度称为_____。

2. 汽车点火系统经历了_____系统、_____系统和_____系统三个阶段。

3. 双缸同时点火系统有_____和_____两种。

4. 火花塞按热值分为_____火花塞、_____火花塞和_____火花塞。

5. 点火线圈的作用是将_____变为_____，以满足火花塞跳火的需要。

二、单项选择题

1. 控制传统点火系统一次电路通断的是（　　）。

A. 断电器　　　　B. 晶体管　　　　C. 电控单元　　　　D. 配电器

2. 表示点火时刻的参数是（　　）。

A. 点火顺序　　　　B. 击穿电压　　　　C. 闭合角　　　　D. 点火提前角

3. 点火系统中产生电火花的元件是（　　）。

A. 火花塞　　　　B. 点火线圈　　　　C. 高压线　　　　D. 点火开关

4. 电子点火系统的点火控制器用于（　　）。

A. 产生电火花　　　　　　　　　　　B. 产生高压电

C. 控制一次绕组的通断　　　　　　　D. 产生点火信号

5. 以下不属于电子点火系统一次电路的元件是（　　）。

A. 点火线圈　　　　B. 高压导线　　　　C. 蓄电池　　　　D. 点火开关

6. 无分电器式微机控制点火系统，输出点火信号的元件是（　　）。

A. 火花塞　　　　B. 高压线　　　　C. 发动机电控单元　　　　D. 点火线圈

7. 单缸独立点火的四缸汽油发动机，点火线圈的数量共有（　　）。

A. 一个　　　　B. 两个　　　　C. 三个　　　　D. 四个

8. 点火线圈产生高压电的工作原理是（　　）。

A. 电磁感应　　　　B. 霍尔效应　　　　C. 光电效应　　　　D. 热敏效应

三、判断题

1. 点火系统产生的点火电压约为 100V。（　　）

2. 点火时刻在活塞排气行程的上止点。（　　）

3. 现在的汽车广泛采用微机控制的点火系统。（　　）

4. 电子点火系统能够精确控制点火提前角。（　　）

5. 单缸独立点火系统没有高压线。（　　）

6. 点火线圈二次绕组匝数比一次绕组匝数少。(   )

7. 点火系统高压线的工作电压很高,通过的电流很小。(   )

四、问答题

1. 简述点火系统的作用。

2. 简述火花塞的作用。

3. 火花塞的使用与维护知识有哪些?

项目五

照明和信号系统的故障检测与排除

学习目标

知识目标

1. 了解照明和信号系统的组成。
2. 掌握照明和信号系统的电路工作原理。
3. 掌握照明和信号系统的故障诊断方法。

技能目标

1. 具备查阅照明和信号系统工作电路图的能力。
2. 会分析照明和信号系统电路，进行照明和信号系统常见故障的诊断与排除。

情感目标

1. 培养严谨细致的工作作风。
2. 安全文明驾驶，增强法律意识。

典型工作任务

1. 拆装前照灯总成并检测和调整。
2. 检修转向灯故障。
3. 拆装电喇叭并调整。

知识准备

第一课　照明和信号系统概述

一、汽车灯具的安装位置

汽车灯具按功能可分为照明灯和信号灯两大类，按安装位置可分为外部灯具和内部灯具两种。

汽车上的照明系统已经非常复杂，虽然主灯光系统大致相同，但是具体到各车型，区别还是很大的。所以维修某车型的照明系统时，要注意参考该车型的维修手册。丰田卡罗拉轿车各种照明与信号灯位置如图5-1所示。

二、照明系统的作用和组成

照明系统主要包括外部照明灯具和内部照明灯具，其主要用于夜间行车照明、车内照明、仪表照明及检修照明。常用的照明灯具如下：

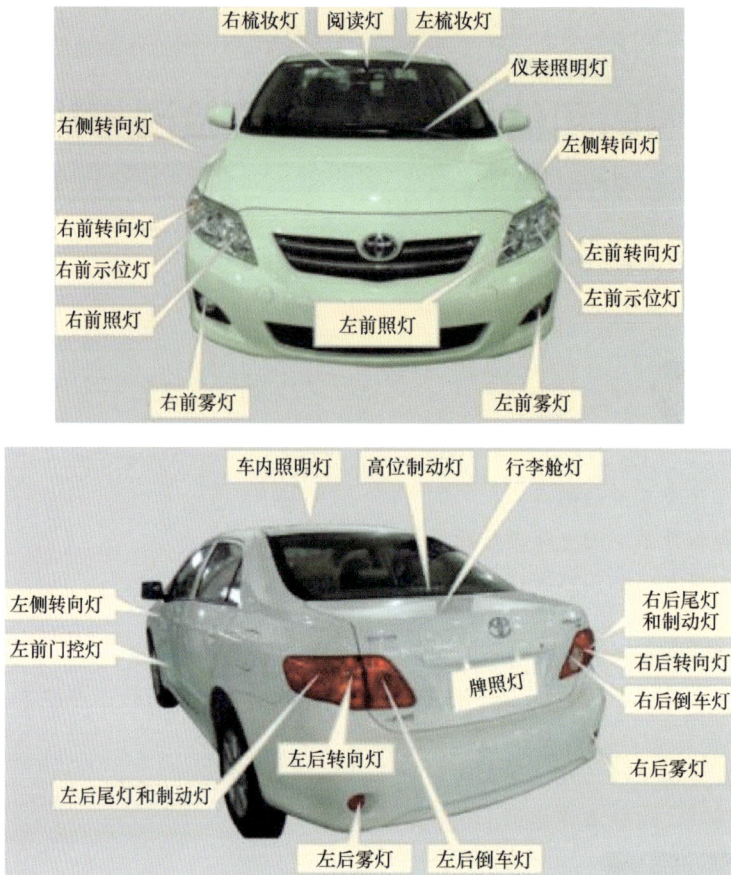

图 5-1　丰田卡罗拉轿车各种照明与信号灯位置

1. 前照灯

前照灯又称为前大灯，安装在汽车头部两侧，用于夜间行车道路的照明，有两灯制和四灯制之分，如图 5-2 所示。前照灯灯光光色为白色，灯泡功率远光灯为 45~60W，近光灯为 25~55W。要求前照灯应能保证提供车前 100m 以上路面明亮、均匀的照明，并且不应对迎面来车的驾驶人造成眩目。随着车速的不断提高，汽车上前照灯的照明距离可达到 200~300m。

随着车辆高速化的发展，有些国家开始试行三光束系统。三光束系统是高速远光、高速近光、近光。在高速公路上行驶时，用高速远光；在无迎面来车的道路上行驶或在高速公路会车时用高速近光；在有迎面来车和市区运行时，使用近光。

图 5-2　前照灯

2. 雾灯

雾灯一般在有雾、下雪、暴雨或尘埃等恶劣条件下使用，用来改善道路的照明情况，安装在车头和车尾，如图 5-3 所示。雾灯有前雾灯和后雾灯两种，安装在车头的雾灯称为前雾灯，安装在车尾的雾灯称为后雾灯。雾灯一般使用黄色光源，光波较长、穿透性好。

3. 牌照灯

牌照灯位于汽车尾部牌照的上方或左右两侧，用于后牌照的照明，如图5-4所示。确保行人距车尾 20m 处能看清牌照上的文字和数字。灯光光色为白色，灯泡功率为 8~10W。

图 5-3　雾灯

图 5-4　牌照灯

4. 仪表灯

仪表灯安装在汽车仪表板上，用于仪表照明，以便驾驶人获取行车信息和正确进行操作，如图5-5所示。其数量根据仪表设计布局而定，灯光光色一般为白色。

5. 顶灯

顶灯安装在驾驶室或车厢内顶部，为驾驶室或车厢内的照明灯具，灯光光色一般为白色，如图5-6所示。

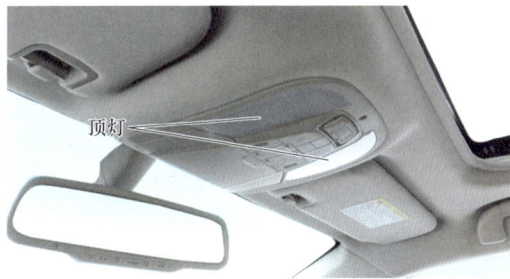

图 5-5　仪表灯

图 5-6　顶灯

6. 阅读灯

阅读灯安装在乘员席前部或顶部，用于乘员的阅读照明，如图5-7所示。

图 5-7　阅读灯

7. 行李舱灯

行李舱灯安装在汽车行李舱内，用于行李舱的照明，灯光光色为白色，如图 5-8 所示。

8. 踏步灯

踏步灯一般安装在汽车的上下车台阶处，作用是用来照明车门的踏步处，方便乘客上下车，灯光光色一般为白色，如图 5-9 所示。

图 5-8　行李舱灯

图 5-9　踏步灯

9. 门灯

门灯安装在轿车外张式车门内侧底部，开启车门时，门灯发亮，以告示后来行人和车辆注意避让，如图 5-10 所示。功率为 5W，灯光光色为红色。

图 5-10　门灯

目前，多将前照灯、雾灯和前位灯等组合起来，称为前组合灯；将后位灯、后转向信号灯、制动信号灯和倒车灯组合起来，称为后组合灯，如图 5-11 所示。

a) 前组合灯

b) 后组合灯

图 5-11　组合灯

三、信号系统的作用和组成

信号系统主要包括外部信号灯具和内部信号灯具，它主要用于向他人或其他车辆发出警告和示意的信号。常用的信号灯具如下：

1. 转向灯和应急灯

转向灯和应急灯使用同一灯泡，安装在汽车车身四个角或翼子板上，如图 5-12 所示。转向灯在转向时使用，提示行人或其他车辆该车要转弯。转向灯应具有一定的频闪，国标中规定 60~120 次/min，日本转向灯规定（85±10）次/min，亮暗时间比在 3∶2 为佳。应急灯为所有转向灯同时亮，以警告该车有特殊情况，以引起注意。

图 5-12　转向灯和应急灯

2. 示位灯

示位灯又称为示宽灯、位置灯，安装在汽车前面、后面和侧面，其作用是夜间行车或停车时以标志车辆的形状与位置，功率一般为 5~10W，如图 5-13 所示。前示位灯俗称"小灯"，灯光光色为白色或黄色；后示位灯俗称"尾灯"，灯光光色为红色；侧位灯光色为琥珀色。

3. 制动灯

制动灯安装于汽车后面，用于当汽车制动或减速停车时，向车后发出灯光信号，以警示随后车辆及行人，如图 5-14 所示。制动灯多采用组合式灯具，一般与尾灯共用灯泡（双灯丝），但制动灯功率较大，约为 20W。

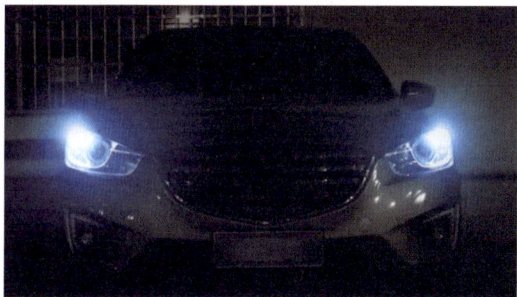

图 5-13　示位灯

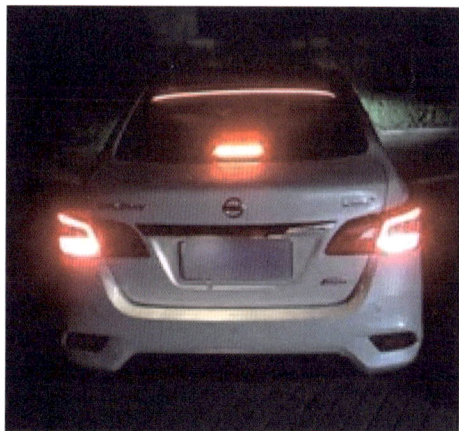

图 5-14　制动灯

4. 倒车灯

倒车灯安装在汽车尾部，左右各一只，灯光光色为白色。倒车灯用于照亮车后路面，并警告车后的车辆和行人，表示该车正在倒车，如图 5-15 所示。

5. 驻车灯

驻车灯安装于车头和车尾两侧，用于夜间停车时标志车辆形位，如图 5-16 所示。当接通驻车灯开关时，仪表照明灯、牌照灯并不亮，耗电量比示位灯小。

图 5-15　倒车灯

图 5-16　驻车灯

6. 挂车标志灯

全挂车在挂车前部的左右各安装一个红色的标志灯，其高度要求高出全挂车的前栏板 300～400mm，距外侧车厢小于 150mm，以引起其他驾驶人的注意，如图 5-17 所示。

7. 喇叭

喇叭为声响信号装置，按下喇叭按钮，发出声响，提示行人和车辆，以确保行车安全，如图 5-18 所示。

图 5-17　挂车标志灯

图 5-18　喇叭

职场健康与安全：

国家标准规定，汽车的示位灯、牌照灯、仪表灯及挂车标志灯应能同时启灭，当前照灯点亮时，这些灯必须点亮，当前照灯关闭和发动机熄火时仍能点亮。

第二课　前照灯的结构与检修

一、前照灯的组成

前照灯一般由灯泡、反射镜和配光镜（散光镜）三部分组成，如图 5-19 所示。

前照灯按光学系统结构的不同，可分为半封闭式和全封闭式两种，如图 5-20 所示。半封闭式前照灯的配光镜和反射镜密封，可从反射镜的后端拆装灯泡，其优点是维修方便，但反射镜易被污染；全封闭式前照灯的反射镜和配光镜熔焊为一个整体，灯丝直接焊在反射镜的底座上，其优点是可完全避免反射镜被污染，但灯丝烧坏后需整体更换，维修成本高。

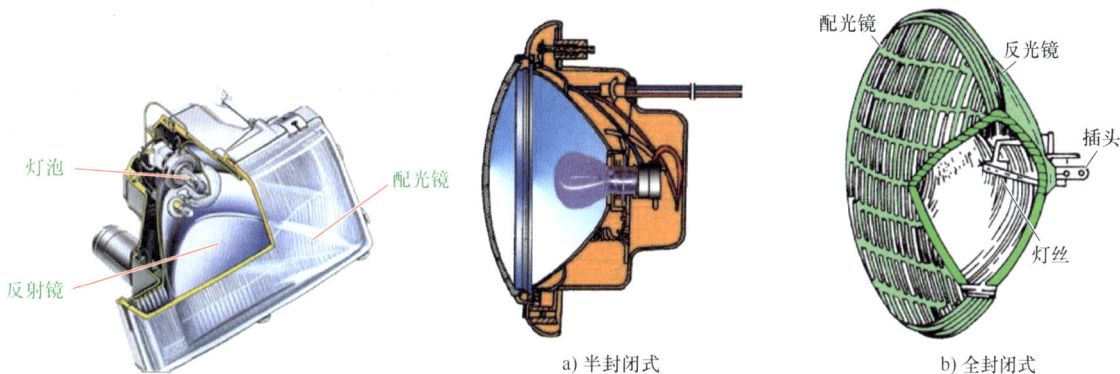

图 5-19　前照灯的组成

a) 半封闭式　　b) 全封闭式

图 5-20　前照灯的分类

1. 灯泡

目前，汽车上常用的前照灯灯泡类型有卤素灯、氙气灯和 LED 灯三种。

（1）**卤素灯**　卤素灯灯泡如图 5-21 所示，这种灯泡内的惰性气体中掺有某种卤族元素气体。卤素灯灯泡尺寸小，灯泡壳用耐高温、机械强度较高的石英玻璃制成，在相同功率下，卤素灯的亮度为白炽灯的 1.5 倍，使用寿命为 2~3 倍。

（2）**氙气灯**　氙气灯的灯泡里没有传统的灯丝（图 5-22），取而代之的是装在石英管内的两个电极。管内充有氙气及微量金属（或金属卤化物），当在电极上有足够的引弧电压时（5000~12000V），气体开始电离而导电。气体原子处于激发状态，由于电子发生能级跃迁而开始发光。0.1s 后，电极间蒸发了少量水银蒸气，电源立即转入水银蒸气弧光放电，待温度上升后再转入卤化物弧光灯工作。

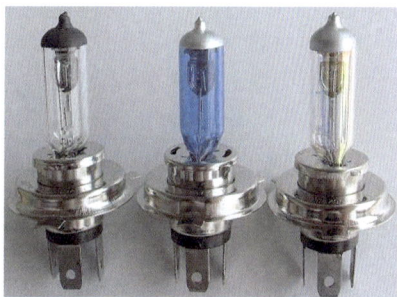

图 5-21　卤素灯灯泡

点燃达到灯泡正常工作温度后，维持电弧放电的功率很低（约为 35W），所以可节约 40% 的电能。

在氙气前照灯上，近光灯和远光灯共用一个灯泡，它们之间的切换是通过一个遮光板来实现的，这个遮光板由一个电磁铁来进行操控。这个遮光板在基本位置是向上翻起的，这时用于实现非对称近光。要想实现远光灯功能，需要给电磁铁通电，于是这个遮光板向下翻转，氙气灯就产生出对称的远光灯光束了。

（3）**LED 灯**　LED 前照灯总成是用发光二极管（LED）作为光源，内部集成有一个风扇，用于防止电子元件过热，如图 5-23 所示。根据灯的功能情况，使用了反光镜或者投射模块。

LED 前照灯的优点：使用寿命长，一般可达几万乃至 10 万 h；非常节能，比同等亮度的白炽灯起码节电一半以上；光线质量高，基本无辐射，属于"绿色"光源；LED 的结构简单，内部支架结构，四周用透明的环氧树脂密封，抗振性能好；无须热启动时间，亮灯响应速度快（纳秒级），适用于移动速度快的物体使用；适用电压在 6~12V 范围内，完全可以应用在汽车上；LED 占用体积小，设计者可以随意变换灯具模式，令汽车造型多样化。

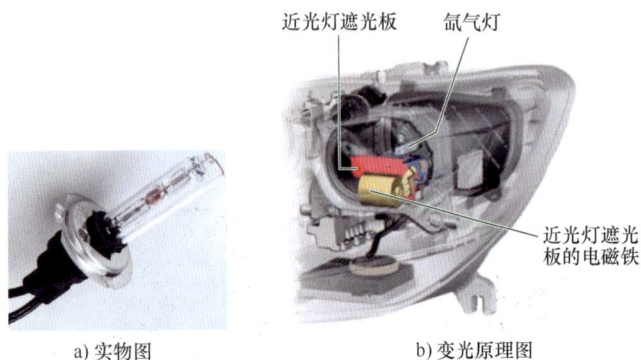

a) 实物图 b) 变光原理图

图 5-22　氙气灯

图 5-23　LED 灯

职场健康与安全：

　　更换半封闭前照灯灯泡时，切勿用手指触及灯泡玻璃部分，因为被皮肤脂肪污染过的玻璃壳，使用寿命会大大缩短，拿灯泡时只能拿基座。

2. 反射镜

反射镜的作用是最大限度地将灯泡发出的光线聚合成强光束，以增大照射距离。反射镜的表面形状呈旋转抛物面，一般由 0.6~0.8mm 的薄钢板冲压而成或由玻璃、塑料制成，如图 5-24 所示。反射镜的内表面镀银、铝或镀铬，然后抛光处理；灯丝位于反射镜的焦点处，其大部分光线经反射后，成为平行光束射向远方。无反射镜的灯泡，其光度只能照清周围 6m 左右的距离，而经反射镜反射后的平行光束可照清远方 100m 以上的距离。经反射镜后，尚有少量的散射光线，其中向上的完全无用，向侧方和下方的光线则有助于照明 5~10m 的路面和路缘。

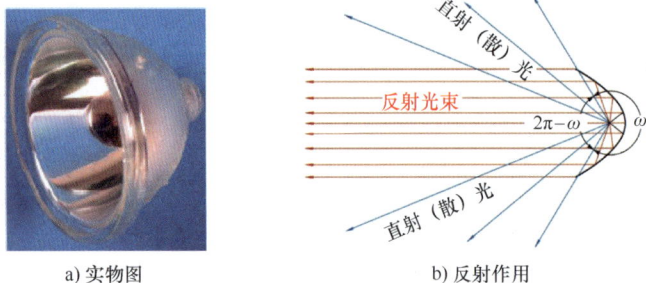

a) 实物图 b) 反射作用

图 5-24　反射镜

职场健康与安全：

　　若反射镜上稍有灰尘，可用压缩空气吹干净，如反射镜是镀银或镀铝的，可用棉花蘸清水清洗，然后用压缩空气吹干，注意不要破坏反射镜面的保护层。

3. 配光镜

配光镜是由透镜和棱镜组合而成的散光玻璃，其外形一般为圆形或方形，如图 5-25 所示。配光镜的外表面平滑，内侧精心设计成由许多特殊的凸透镜和棱镜组成的组合体。配光镜的作用是将反射镜反射出来的光线进行散射与折射，以扩大光照范围，使前照灯 100m 以内的路面和路缘有均匀的照明，使照射区域的光照度分布符合标准要求。

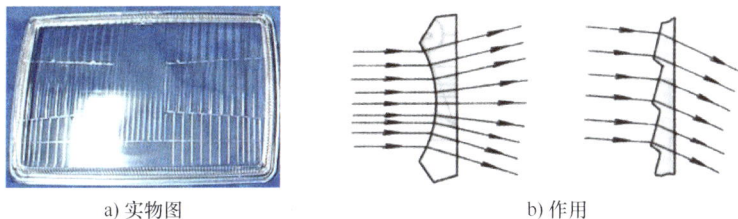

a) 实物图　　　　　　　　　　　b) 作用

图 5-25　配光镜

二、前照灯电路图

前照灯电路图如图 5-26 所示。因前照灯的工作电流大，特别是四灯制的汽车，若用车灯开关直接控制前照灯，车灯开关易损坏，所以在前照灯电路中设有灯光继电器。

当车灯开关置于前照灯档位时，此时灯光继电器线圈通电，使灯光继电器触点闭合，前照灯亮。可通过变光开关变换远、近光照明。

三、前照灯的防炫目装置

炫目是指人的眼睛突然受强光照射时，由于视觉神经受刺激而失去对眼睛的控制，本能地闭上眼睛或看不清暗处物体的生理现象。为了保障夜间会车安全，汽车前照灯必须具有良好的防炫目措施。目前，国产汽车防炫目措施有三项，先进轿车还有更严格的防炫目措施。

1. 采用远、近光束变换

为了防炫目，前照灯灯泡中装有远光与近光两根灯丝，由变光开关控制其电路。夜间公路行车且对面无来车时，使用远光灯，以增大照明距离，保证行车安全。夜间公路行车会车、市区行车有路灯或尾随其他汽车行驶时，使用近光灯。

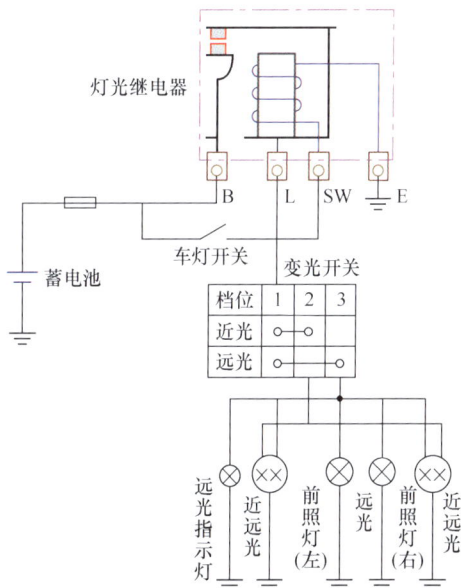

图 5-26　前照灯电路图

2. 近光灯丝加装配光屏

上述防炫目措施只能减轻炫目，还不能彻底避免炫目。因为近光灯丝射向反射镜下部的光线经反射后，将倾斜向上照射，仍会使对面交会汽车的驾驶人炫目。为此，汽车前照灯的近光灯丝下方均装设配光屏（又称为遮光罩、护罩或光束偏转器），用以遮挡近光灯丝射向反射镜下半部的光线，消除反射后向上照射的光束，达到防炫目效果，如图 5-27 所示。

3. 采用不对称光形

上述两项防炫目措施起到了防炫目的作用，但会车使用近光灯时，近光灯仅能照亮车前方

50m 以内的路面，因而车速受到限制。为了达到既能防止炫目，又能以较高车速会车的目的，我国汽车的前照灯近光采用 E 形不对称光形，如图 5-28 所示，将近光灯右侧亮区倾斜升高 15°，即将本车行进方向光束照射距离延长。不对称光形是将配光屏单边倾斜 15° 形成的。

图 5-27 具有配光屏的双丝灯泡

图 5-28 不对称光形

四、前照灯的检测与调整

前照灯的检测方法有测试仪检测法和屏幕检测法两种。

1. 用前照灯测试仪调整前照灯

将轮胎气压正常的空车停放在平坦的场地上，在驾驶室内乘坐一名驾驶人或将 60kg 的重物放在驾驶人位置上，使车前部对准前照灯测试仪，按测试结果进行调整。

2. 用屏幕检测法调整前照灯

将轮胎气压正常的空车停放在平坦的场地上，在驾驶室内乘坐一名驾驶人或将 60kg 的重物放在驾驶人位置上，使车前部对幕墙保持一定的距离（正面相对 10m），如图 5-29 所示。接通灯光开关，调整其光束。调整时以一只灯为单位进行调整，遮蔽其他前照灯。然后拧动上下及左右光束调整螺钉，使主光束（光度最高点）处于规定高度。

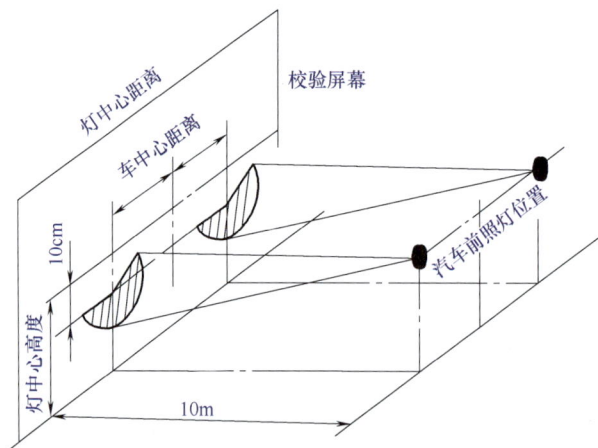

图 5-29 汽车前照灯光束位置

汽车车型不一样，前照灯上下及左右位置的调整部位也就不同。前照灯调整时，应注意观察调整的具体部位。图 5-30 所示为两种车型的前照灯调整部位。

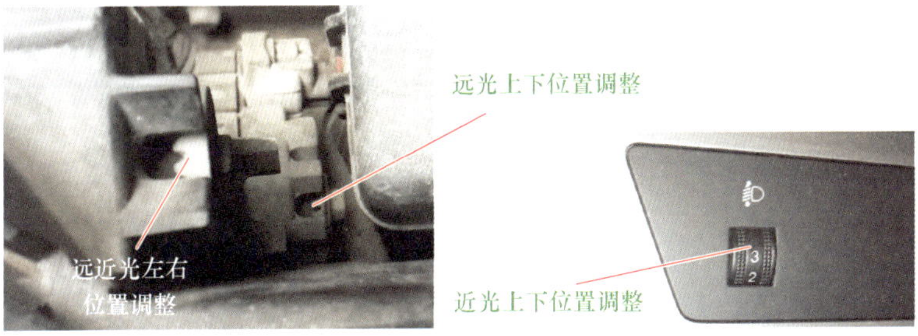

a) 前照灯位置调整（一）

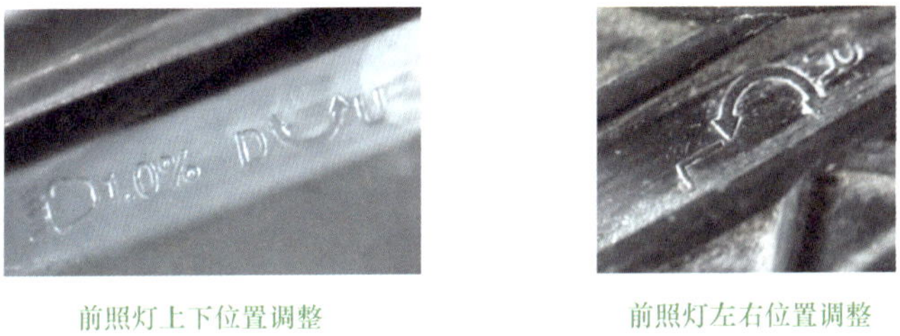

前照灯上下位置调整　　　　　　　　　前照灯左右位置调整

b) 前照灯位置调整（二）

图 5-30　两种车型的前照灯调整部位

职场健康与安全：

　　前照灯上下及左右位置调整时，必须拧入调整。若需拧松调节时，应完全拧松后再拧入调整。

五、前照灯的故障诊断与排除

前照灯的故障诊断与排除见表 5-1。

表 5-1　前照灯的故障诊断与排除

故障现象	故障原因	故障诊断与排除
远、近光灯都不亮	1）灯泡损坏或接触不良 2）熔断器损坏 3）灯光开关损坏 4）灯光电路故障	首先检查灯泡及灯泡与灯座的接触情况，其次检查熔断器是否完好，最后检查灯光开关及灯光电路
只有远光灯亮或只有近光灯亮	1）变光开关故障 2）远、近光灯泡损坏 3）远、近光灯熔断器损坏	先检查远、近光灯泡是否损坏，再检查远、近光灯熔断器及变光开关

职场健康与安全：

　　有些汽车的仪表板灯，其熔断器安装在前照灯开关之后，对于这样的电路，当用汽车测电笔或数字万用表检查熔断器时，必须接通灯光开关。

第三课　信号系统的故障诊断与排除

一、转向灯

1. 转向灯的作用

转向灯也称为转向信号灯，安装在汽车前后、左右角，用于汽车转弯时发出明暗交替的闪光信号，使前后车辆、行人和交警知其行驶方向，如图 5-31 所示。当汽车要向左或向右转向时，通过操纵转向开关，使车辆左边或右边的转向灯经闪光器通电而闪烁发光。驾驶人还可以通过操纵危险警报开关使全部转向灯闪亮，表示车辆遇紧急情况发出警示。危险警报开关不受点火开关控制。转向灯的灯光光色为琥珀色，灯泡功率一般为 20W。转向灯的指示距离，要求前后转向灯白天距离 100m 以外可见，侧转向灯白天距离 30m 以外可见。

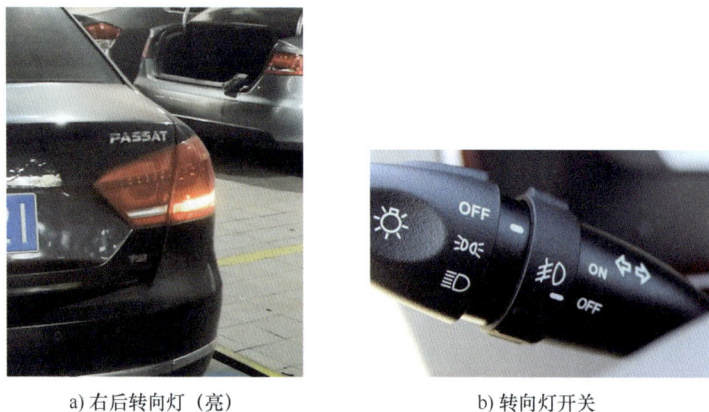

a) 右后转向灯（亮）　　　　　　　　　b) 转向灯开关

图 5-31　转向灯

2. 闪光器的工作原理

转向灯系统一般由转向信号灯、转向指示灯、转向开关和闪光器等组成，闪光器主要有电热式、电容式和晶体管式三种。晶体管式闪光器具有性能稳定、可靠等优点，所以得到广泛应用。晶体管式闪光器又分有触点式和无触点式两种。

1）有触点晶体管式闪光器。有触点晶体管式闪光器的工作原理图如图 5-32 所示。当汽车向左转弯时，转向开关接通左转向灯，电流便从蓄电池正极→熔断器→电阻 $R0$→触点→转向灯开关→左转向灯→搭铁→蓄电池负极构成回路，左转向灯和指示灯点亮。同时，$R0$ 上的电压降使晶体管 VT 导通产生集电极电流。

集电极电流经继电器线圈搭铁，继电器线圈产生的电磁吸力使触点打开。于是，蓄电池向电容器充电，使左转向灯的灯光变暗。随着充电时间的延长，充电电流减小，晶体管 VT 的基极电位提高，偏流减小。

当基极电位接近发射极电位时，晶体管 VT 截止，集电极电流消失，触点又闭合，左转向灯又被点亮，同时，电容器经 $R1$、触点、$R2$ 放电。电容器放完电后，晶体管 VT 的基极上又恢复低电位，晶体管 VT 重新导通，集电极电流又经继电器的线圈产生电磁吸力使触点打开，重复上述过程，使左转向灯发出闪光。其闪光频率由电容器的充放电时间常数来决定。

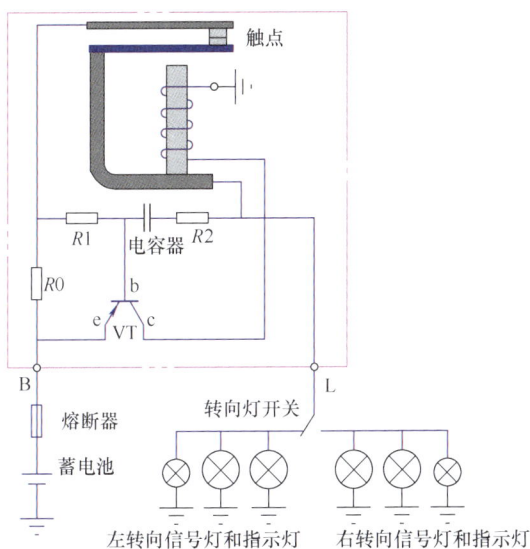

图 5-32　有触点晶体管式闪光器的工作原理图

2）无触点晶体管式闪光器。无触点晶体管式闪光器的工作原理图如图 5-33 所示。接通转向灯开关，VT1 因正向偏压而饱和导通，VT2 和 VT3 则截止。由于 VT1 的发射极电流很小，所以转向灯较暗。同时，电源通过 R1 对 C 充电，使 VT1 的基极电位下降，当低于其导通所需正向偏置电压时，VT1 截止。

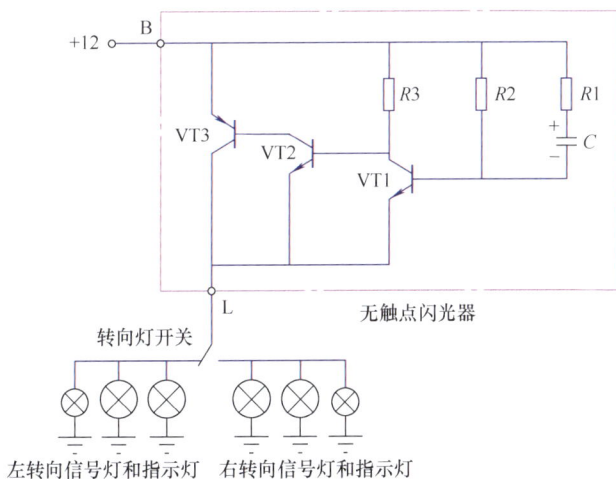

图 5-33　无触点晶体管式闪光器的工作原理图

VT1 截止后，VT2 通过 R3 得到正向偏置电压而导通，VT3 也随之饱和导通，转向灯变亮。

此时，C 经 R1 和 R2 放电，使 VT1 仍保持截止，转向灯继续发亮。随着 C 放电电流减小，VT1 基极电位又逐渐升高，当高于其正向导通电压时，VT1 又导通，VT2 和 VT3 又截止，转向灯又变暗。随着 C 的充放电，VT3 不断地导通和截止，如此循环，使转向灯闪烁。

3. 转向系统的故障诊断与排除

转向灯不亮的故障诊断与排除见表 5-2。

表 5-2　转向灯不亮的故障诊断与排除

故障现象	故障原因	故障诊断与排除
转向灯不亮	1）转向灯灯泡损坏及接触不良 2）灯光开关损坏 3）熔断器熔断 4）闪光器损坏	先检查转向灯灯泡及灯泡与灯座的接触情况，然后检查熔断器和开关，最后检查闪光器

二、电喇叭

1. 喇叭的作用和种类

喇叭是汽车的音响信号装置。汽车在行驶过程中，驾驶人根据需要和规定发出必需的音响信号，提示行人和引起其他车辆注意，保证交通安全，同时还用于催行和传递信号。

喇叭按声音动力分为气喇叭和电喇叭两种，按发声频率分为高音喇叭和低音喇叭两种，按有无触点可分为有触点式（普通式）电喇叭和无触点式（电子式）电喇叭，按其外形可分为筒形、螺旋形和盆形三种，如图 5-34 所示。

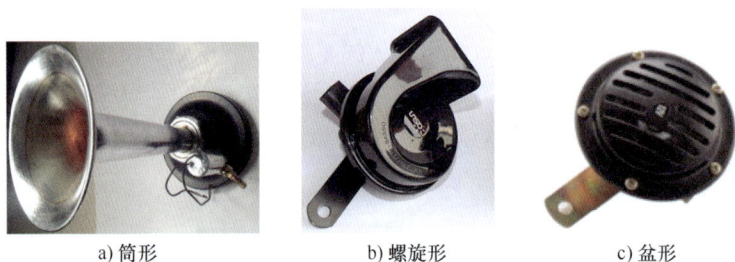

a) 筒形　　　　　　　b) 螺旋形　　　　　　　c) 盆形

图 5-34　喇叭

气喇叭主要用于有空气制动装置的重型载重车上，电喇叭具有结构简单、体积小、重量轻、声音悦耳且维修方便的特点，因而在中小型车辆中获得了广泛应用。在中小型汽车上，多采用螺旋形和盆形电喇叭。

2. 盆形电喇叭

盆形电喇叭的结构示意图如图 5-35 所示，它主要由触点、线圈、振动膜片、调整螺钉、衔铁、共鸣板和铁心等组成。触点与线圈串联，其中一个触点依附于衔铁。上下铁心间的气隙在线圈中间，所以能产生较大的吸力。

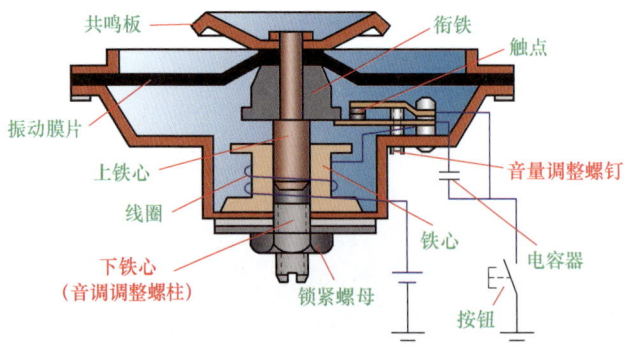

图 5-35　盆形电喇叭的结构示意图

当按下喇叭按钮时，电流由蓄电池正极→线圈→活动触点臂→触点→固定触点臂→按钮→搭铁→蓄电池负极。

线圈通电产生吸力，上铁心被吸下与下铁心撞击，产生较低的基本频率，并激励振动膜片及与振动膜片连成一体的共鸣板产生共鸣，从而发出比基本频率强得多而且分布比较集中的谐音。同时压下动触点臂，使触点分开，以切断电路，电磁力消失。当铁心磁力消失后，衔铁又回到原位，触点重新闭合，电路再次接通。这样，线圈中将流过时通时断的电流，因此振动膜片时吸时放，产生高频振动而发出音响。

电容器和触点并联，可以使触点间的火花大大减小，从而起到了保护触点的作用。

3. 螺旋形电喇叭

螺旋形电喇叭的结构示意图如图5-36所示，它主要由触点、线圈、调整螺母、扬声筒、共鸣板和膜片等组成。

按下喇叭按钮，喇叭电路接通，电流回路为：蓄电池正极→线圈→触点→喇叭按钮→蓄电池负极。线圈产生吸力，吸下衔铁，打开触点，电路被切断，吸力消失，衔铁回位，电路重新被接通。重复上述过程，衔铁不断上下移动带动膜片振动，通过共鸣器产生共鸣，由扬声器发出一定声调的音波，由扬声筒加强后传出。

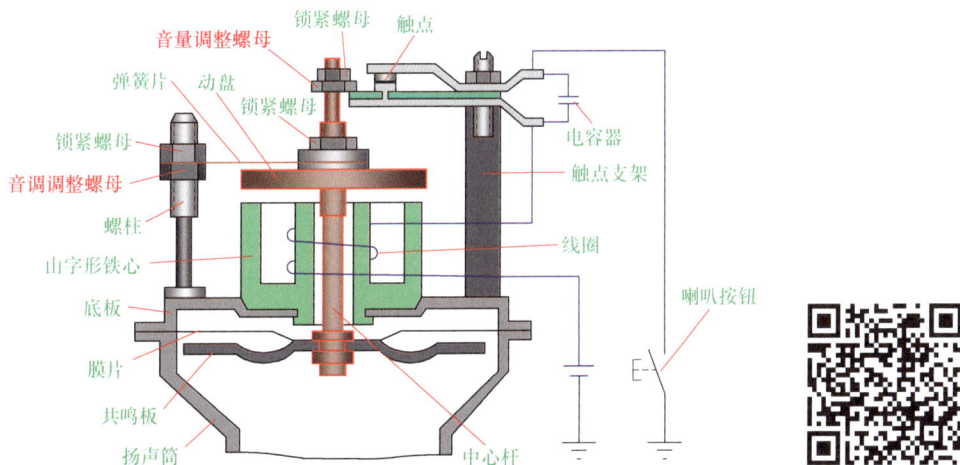

图5-36　螺旋形电喇叭的结构示意图

4. 双音电喇叭控制电路

为了得到较为和谐悦耳的声音，在汽车上常装有两个不同音调（高、低音）的电喇叭，其中，高音喇叭膜片厚、扬声筒短，低音喇叭则相反。

装用单只螺旋形电喇叭或两只盆形电喇叭时，电喇叭总电流较小（小于8A），一般直接由转向盘上喇叭按钮控制。当装用两只螺旋形电喇叭时，电喇叭耗用电流较大（15～20A），用按钮直接控制，易烧蚀按钮触点。为了避免这个缺点，可采用喇叭继电器控制双音电喇叭。喇叭继电器的结构和接线如图5-37所示。按下转向盘上喇叭按钮时，喇叭继电器线圈通电，继电器铁心产生电磁吸力，将继电器触点闭合，接通了双音电喇叭，喇叭发音。松开转向盘喇叭按钮时，继电器线圈断电，铁心电磁吸力消失，触点在自身弹力作用下张开，切断了电喇叭电路，电喇叭停止发音。

5. 电喇叭的调整

盆形和螺旋形电喇叭的调整一般有铁心气隙的调整和触点预压力的调整两项，前者调整喇叭的音调，后者调整喇叭的音量。

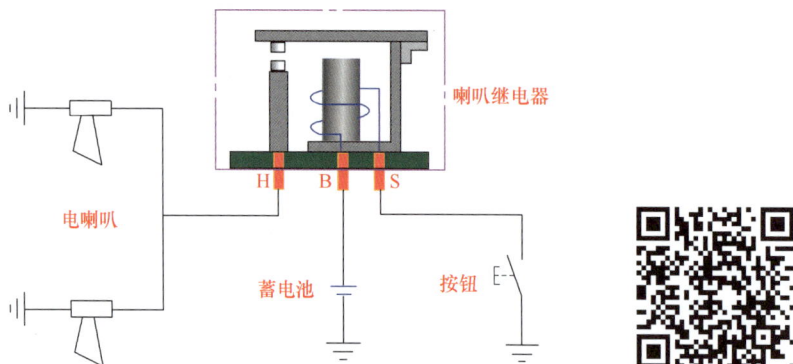

图 5-37   喇叭继电器的结构和接线

电喇叭音调的高低与铁心气隙有关。铁心气隙小时，膜片的振动频率高（即音调高）；铁心气隙大时，膜片的振动频率低（即音调低）。铁心气隙的调整位置如图 5-35 和图 5-36 所示。

电喇叭声音的大小与通过喇叭线圈的电流大小有关。当触点预压力增大时，流过喇叭线圈的电流增大，使喇叭产生的音量增大，反之音量减小。触点预压力的调整位置如图 5-35 和图 5-36 所示。

电喇叭音量和音调的调整并不是完全独立的，它们两者实际上是相互关联的，因此两者需反复调整才会获得最佳效果。汽车喇叭声级在距车前 2m、离地面 1.2m 处测量时，其值应为 90～105dB（A）。

6. 电喇叭的故障诊断与排除

电喇叭不响的故障诊断与排除见表 5-3。

表 5-3   电喇叭不响的故障诊断与排除

故障现象	故障原因	故障诊断与排除
电喇叭不响	1）喇叭损坏 2）熔断器烧断 3）喇叭继电器损坏 4）喇叭开关故障 5）电路故障	先检查熔断器和喇叭开关，然后检查喇叭继电器和喇叭，最后才检查喇叭电路

职场健康与安全：

在双喇叭系统中，当调节一个喇叭时，需断开另一个喇叭。被调节喇叭也应在调节后再接通开关进行检验，否则将会损坏喇叭。

三、倒车信号装置

1. 倒车灯和倒车警报器

倒车信号装置包括倒车灯和倒车警报器，倒车警报器有倒车蜂鸣器和倒车语音警报器两种。倒车信号装置用于在汽车倒车时，警示车后的行人和其他车辆注意避让。倒车蜂鸣器在汽车倒车时发出"嘀-嘀-嘀"的间歇鸣叫声，倒车语音警报器在汽车倒车时重复发出"请注意，倒车！"等声音。

倒车灯和倒车警报器都装于汽车尾部，它们均由装在变速器上的倒档开关控制，如图 5-38 所示。当变速杆挂入倒档时，在拨叉轴的作用下，倒档开关接通倒车灯和倒车警报器电路，从而发出声光倒车信号。

a) 倒档开关　　　　　　　　　b) 倒车信号电路

图 5-38　倒档开关及倒车信号电路

2. 倒车雷达系统

在许多轿车上都有倒车雷达系统，该系统安装在汽车后保险杠上，如图 5-39 所示。倒车雷达采用超声波测距原理。当驾驶人把变速杆挂入倒档时，倒车雷达自动进入工作状态。在控制器的控制下，由安装在车尾保险杠上的探头发送超声波，遇到障碍物产生回波信号，传感器接收到回波信号后，经控制器进行数据处理，从而计算出车体与障碍物之间的距离，并根据感应出来的与障碍物之间的距离开始发出警报声响，距离障碍物越近声音频率越高。从而提醒驾驶人汽车将要碰到障碍物，注意安全。倒车雷达给人们驾驶带来很多方便，但也不能过分依赖，因为雷达也有盲区，如过于低矮的障碍物、过细的障碍物和沟坎等。在经过这类区域时，雷达是不会做出反应的。

3. 倒车影像系统

倒车影像系统采用远红外线广角摄像装置安装在汽车后部，通过车内的显示屏，可将汽车后部道路的信息清晰地显示出来，如图 5-40 所示。由于采用远红外线技术，即使在晚上也能看得一清二楚。倒车影像系统在汽车挂倒档时，会自动接通位于汽车后部的远红外线广角摄像装置，将车后状况清晰地显示于倒车液晶显示屏上，倒车影像系统比全方位倒车雷达更加直观和可靠。

图 5-39　倒车雷达系统　　　　　　　图 5-40　倒车影像系统

倒车影像系统主要由一个安装在后方的广角摄像机、一个负责信号处理与传输的控制单元和一个负责显示的显示器构成。

广角摄像机安装在行李舱扣手处，斜向下放置，水平方向的探测角度为 130°，垂直方向的探测角度为 95°，用于探测图像芯片的水平分辨率为 510 像素，垂直分辨率为 492 像素，总分辨率为25 万像素。

控制单元位于车辆后部右侧，靠近轮罩的地方，主要承担以下任务：向倒车摄像机提供供电电压，校正摄像机的广角图像，在摄像机图像中插入静态和动态辅助线，为摄像机信号提供视频输入端，为电视调谐器提供视频输入端，利用集成的视频开关切换到所需要的视频信号上，为收到的视频信号提供视频输出端，控制单元的自诊断，诊断收到的摄像机信号，利用 VAS 测试仪和校准面板进行系统校准，对失真的图像进行校正。

显示器通过一根单独信号线接收来自倒车影像控制单元传输来的视频信号，给驾驶人提供需要的信息。

四、制动信号灯

1. 制动信号灯的作用

制动信号灯用于指示车辆的制动或减速信号。制动信号灯安装在车尾两侧，两制动灯应与汽车的纵轴线对称并在同一高度上，制动灯灯光光色为红光，应保证白天距离 100m 以外可见。

2. 制动信号灯的电路

气压制动系统的制动灯开关安装在制动系统管路中或制动阀上，制动时，制动压缩空气推动橡皮膜片上拱，使触点闭合，接通制动信号灯电路，如图 5-41 所示。

a) 气压制动信号灯的电路　　　　b) 气压制动信号灯的开关

图 5-41　气压制动信号灯

液压制动系统的制动信号灯一般由与制动踏板直接联动的机械行程开关控制，也有采用安装在制动回路上的液压式开关控制。液压制动信号灯如图 5-42 所示。当踩下制动踏板时，制动系统中油液压力增大，膜片向上拱曲，克服弹簧的作用力使动触片接通接线柱，制动信号灯通电发亮。松开制动踏板，动触片复位，制动信号灯熄灭。

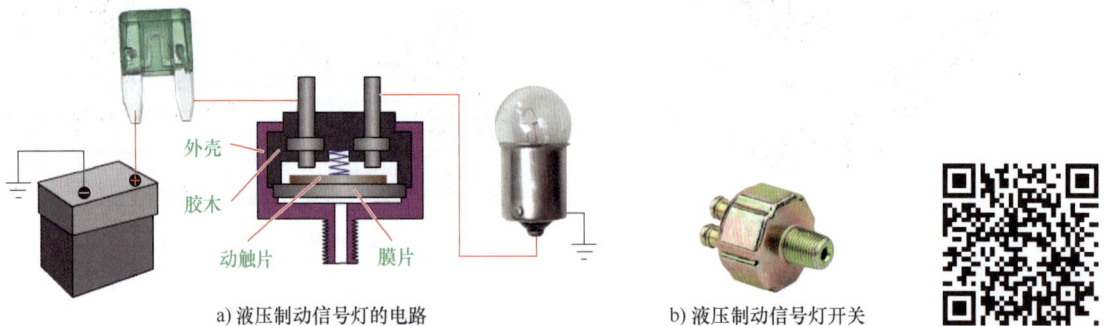

a) 液压制动信号灯的电路　　　　b) 液压制动信号灯开关

图 5-42　液压制动信号灯

3. 制动信号灯的故障诊断与排除

制动信号灯的故障诊断与排除见表 5-4。

表 5-4　制动信号灯的故障诊断与排除

故障现象	故障原因	故障诊断与排除
制动信号灯不亮	1）制动信号灯开关损坏 2）熔断器熔断 3）灯泡损坏 4）制动信号灯有断路故障	先检查制动信号灯和熔断器，然后检查制动信号灯开关，最后检查制动信号灯电路
制动信号灯长亮	制动信号灯开关损坏	检查制动信号灯开关

任务实施

任务一　拆装前照灯总成并检测和调整

1. 任务目的描述

1）能正确拆装前照灯总成。

2）能对一般汽车的前照灯进行调整。

3）能积极主动参与任务，能与小组成员团结协作，能执行实训室"6S"规定。

2. 任务准备

1）知识准备：完成第二课前照灯的结构与检修的学习。

2）设备准备：汽车、汽车电气设备拆装工量具、演示课件（或操作视频）。

3. 任务步骤

1）老师演示或播放视频：拆装前照灯总成并检测和调整。

2）学生练习拆装前照灯总成并检测和调整（或老师演示时同步练习），同时完成《汽车电气设备构造与维修工作页》相应部分内容的填写。

4. 任务评价

任务评价内容及标准见表 5-5。

表 5-5　任务评价内容及标准

序号	项目	操作内容	分值	评分标准	得分
1	准备	清点工量具、清理工位	5 分	酌情扣分	
2	拆卸	拆卸前照灯总成	15 分	操作不当扣 1~15 分	
3	检测	检测前照灯灯泡、开关等	20 分	操作不当扣 1~20 分	
4	安装	安装前照灯总成	15 分	操作不当扣 1~15 分	
5	调整	调整前照灯灯光位置	20 分	操作不当扣 1~20 分	
6	完成时间	40min	10 分	超时 1~5min 扣 1~5 分 超时 5min 以上扣 10 分	
7	安全文明	无安全隐患，无不文明操作	5 分	未达标扣 1~5 分	
8	结束	工量具清洁归位	5 分	漏一项扣 1 分，未做扣 5 分	
		工作场地清洁	5 分	清洁不彻底扣 1~5 分，未做扣 5 分	
	总分		100 分		

任务二　检修转向灯故障

1. 任务目的描述

1）能从全车电路图中识读出转向灯电路。

2）能识别转向灯电路各部件在车上的安装位置，并检测各部件的好坏。

3）能积极主动参与任务，能与小组成员团结协作，能执行实训室"6S"规定。

2. 任务准备

1）知识准备：完成第三课信号系统的故障诊断与排除的学习。

2）设备准备：汽车、汽车电气设备拆装工量具、演示课件（或操作视频）。

3. 任务步骤

1）老师演示或播放视频：检修转向灯故障。

2）学生练习检修转向灯故障（或老师演示时同步练习），并完成《汽车电气设备构造与维修工作页》相应部分内容的填写。

4. 任务评价

任务评价内容及标准见表5-6。

表5-6　任务评价内容及标准

序号	项目	操作内容	分值	评分标准	得分
1	准备	清点工量具、清理工位	5分	酌情扣分	
2	分析	分析转向灯电路	14分	操作不当扣1~14分	
3	查找	车上查找转向灯电路各部件	14分	操作不当扣1~14分	
4	检测判断	检测转向灯电路各部件的好坏	14分	操作不当扣1~14分	
5	更换部件	安全规范地更换部件	14分	操作不当扣1~14分	
6	检测	打开转向灯开关检查故障情况	14分	操作不当扣1~14分	
7	完成时间	80min	10分	超时1~5min扣1~5分 超时5min以上扣10分	
8	安全文明	无安全隐患，无不文明操作	5分	未达标扣1~5分	
9	结束	工量具清洁归位	5分	漏一项扣1分，未做扣5分	
		工作场地清洁	5分	清洁不彻底扣1~5分，未做扣5分	
		总分	100分		

任务三　拆装电喇叭并调整

1. 任务目的描述

1）能正确拆装电喇叭。

2）会识读分析电喇叭电路，并调整电喇叭。

3）能积极主动参与任务，能与小组成员团结协作，能执行实训室"6S"规定。

2. 任务准备

1）知识准备：完成第三课信号系统的故障诊断与排除的学习。

2）设备准备：汽车、汽车电气设备拆装工量具、演示课件（或操作视频）。

3. 任务步骤

1）老师演示或播放视频：拆装电喇叭并调整。

2）学生练习拆装电喇叭并调整（或老师演示时同步练习），同时完成《汽车电气设备构造与维修工作页》相应部分内容的填写。

4. 任务评价

任务评价内容及标准见表5-7。

表 5-7 任务评价内容及标准

序号	项目	操作内容	分值	评分标准	得分
1	准备	清点工量具、清理工位	5分	酌情扣分	
2	拆卸	将电喇叭从车上拆下	25分	操作不当扣1~25分	
3	检查调整	检查调整电喇叭	20分	操作不当扣1~20分	
4	安装	安装电喇叭	25分	操作不当扣1~25分	
5	完成时间	40min	10分	超时1~5min扣1~5分 超时5min以上扣10分	
6	安全文明	无安全隐患，无不文明操作	5分	未达标扣1~5分	
7	结束	工量具清洁归位	5分	漏一项扣1分，未做扣5分	
		工作场地清洁	5分	清洁不彻底扣1~5分，未做扣5分	
总分			100分		

巩固与提高

一、填空题

1. 汽车灯具按功能可分为＿＿＿＿＿＿灯和＿＿＿＿＿＿灯两大类。

2. 汽车灯具按安装位置可分为＿＿＿＿＿＿灯具和＿＿＿＿＿＿灯具两种。

3. 前照灯又叫作前大灯，用于＿＿＿＿＿＿＿＿＿的照明。

4. 信号系统主要用于向他人或其他车辆发出＿＿＿＿＿＿和＿＿＿＿＿＿的信号。

5. 前照灯一般由＿＿＿＿＿＿、＿＿＿＿＿＿和＿＿＿＿＿＿三部分组成。

6. 汽车上常用的前照灯灯泡类型有＿＿＿＿＿＿、＿＿＿＿＿＿和＿＿＿＿＿＿三种。

7. 前照灯的检测方法有＿＿＿＿＿＿检测法和＿＿＿＿＿＿检测法两种。

8. 用来指示车辆行驶趋向的灯称为＿＿＿＿＿＿灯。

9. 电喇叭按发声频率分为＿＿＿＿＿＿喇叭和＿＿＿＿＿＿喇叭两种。

10. 制动信号灯用于指示车辆的＿＿＿＿＿＿或＿＿＿＿＿＿信号。

二、单项选择题

1. 以下属于安装在汽车头部的灯具是（　　）。

A. 牌照灯　　　　　　B. 倒车灯　　　　　　C. 前照灯　　　　　　D. 制动灯

2. 以下属于汽车照明灯的是（　　）。

A. 制动灯　　　　　　B. 转向灯　　　　　　C. 危险警告信号灯　　　　　　D. 近光灯

3. 以下属于内部灯具的是（　　）。

A. 雾灯　　　　　　　　B. 倒车灯　　　　　　　C. 顶灯　　　　　　　D. 制动灯

4. 下列不属于前照灯光学系统的是（　　　）。

A. 反光镜　　　　　　　B. 配光镜　　　　　　　C. 灯泡　　　　　　　D. 前照灯壳体

5. 当汽车变更车道时，需要打开（　　　）。

A. 转向灯　　　　　　　B. 前照灯　　　　　　　C. 制动灯　　　　　　D. 危险警告灯

6. 控制转向灯闪烁的元件是（　　　）。

A. 点火开关　　　　　　B. 转向灯开关　　　　　C. 灯泡　　　　　　　D. 闪光器

7. 工作时以固定频率闪烁的灯是（　　　）。

A. 牌照灯　　　　　　　B. 前雾灯　　　　　　　C. 近光灯　　　　　　D. 转向灯

8. 打开示位灯时，同时开启的灯光是（　　　）。

A. 前雾灯　　　　　　　B. 牌照灯　　　　　　　C. 门灯　　　　　　　D. 雾灯

三、判断题

1. 白炽灯的使用寿命优于卤素灯。（　　　）

2. 近光灯不亮，远光灯也会跟着不亮。（　　　）

3. 开启危险警告灯前需要打开点火开关。（　　　）

4. 电喇叭声音的大小与通过喇叭线圈的电流大小有关。（　　　）

5. 汽车尾部左右两侧的制动灯颜色和规格是一致的。（　　　）

6. 倒车雷达可以测量车辆和障碍物之间的距离。（　　　）

四、按要求做题

图5-43所示为汽车前照灯的原理图。

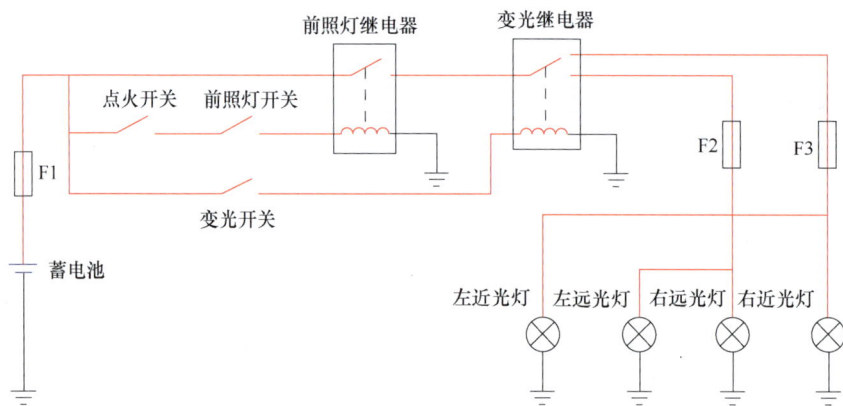

图5-43　汽车前照灯的原理图

请根据图5-43回答以下问题：

1）当点火开关和前照灯开关闭合，变光开关断开时，工作的继电器是_____。

2）当变光开关闭合时，工作的灯是_____、_____。

3）当熔丝F3损坏后，不能工作的灯是_____、_____。

4）所有的前照灯是_____联的。

5）图中的远光灯和近光灯_____（选填"能"或"不能"）同时工作。

项目六 仪表和报警系统的检测与维护

项目六

学习目标

知识目标
1. 掌握仪表和报警系统的结构和工作原理。
2. 掌握仪表和报警装置的故障诊断与维修流程。

技能目标
1. 具备查阅仪表和报警系统工作电路的能力。
2. 会分析仪表和报警系统电路，进行仪表和报警系统常见故障的诊断与排除。

情感目标
1. 培养学生的忧患意识。
2. 激发学生科技报国的家国情怀和使命担当。

典型工作任务

1. 拆装仪表板。
2. 检测与更换燃油表传感器。

知识准备

第一课 仪表和报警系统概述

一、仪表系统

汽车仪表可以说是驾驶人的眼睛，驾驶人通过观察仪表提供的信息，可以随时了解车辆的运行情况和车辆所处的工作状态，及时获取报警情况、发现并排除故障，以保证人车的安全。

1. 汽车仪表的发展历史

汽车仪表的发展经历了机械式仪表、电气式仪表、全液晶仪表和抬头显示仪表四个阶段。

（1）**机械式仪表** 机械式仪表包含了车速表、里程表、发动机转速表、机油压力表、冷却液温度表和燃油表等，机械式仪表需要安装稳压器来稳定仪表电源的电压，从而抑制波动幅度，以保证汽车仪表指示值的精确性。

（2）**电气式仪表** 电气式仪表由于电子技术的发展增加了不少功能，汽车仪表信息也更多、更及时地在显示技术上不断迭代。从真空荧光显示屏，发展到液晶显示器，小尺寸薄膜晶体管显示器由于能够实现 CAN 总线信号输入，从而驱动仪表显示信息，并且显示屏显示的信息越来越清晰。从目前市场的保有量来看，比较合理的方案是采用机械式仪表结合数字仪表的方式，例如车速表和发动机转速表采用指针显示相关信息，指示灯信息采用 LED 灯点亮显示相关信息，而其他信息采用液晶屏幕。

（3）全液晶仪表　全液晶仪表得益于更强大的图形处理和显示效果，从而有效地降低驾驶人的接受过程；多媒体娱乐信息和车辆基本运行状况信息也可以更符合逻辑地显示出来。屏幕的集中显示有助于提升驾驶人操控过程的稳定性，其视距也不必在多个位置频繁切换；另外，结构的简化设计也可以将更多空间留给乘坐区域或是储物空间等。可以说全液晶仪表是目前最受人关注、最先进的汽车仪表，也是未来的发展趋势。

（4）抬头显示仪表　抬头显示技术最早出现在飞机上，其利用光学反射的原理，将重要的飞行信息投射在一片玻璃上，应用到汽车的抬头显示仪表也是如此，如图 6-1 所示。抬头显示可以让驾驶人不必低头，就可以看到信息，从而避免分散对前方道路的注意力，不必在观察远方的道路和近处的仪表之间调节眼睛，可避免眼睛的疲劳，极大地提高了驾驶安全性。

图 6-1　抬头显示仪表

2. 汽车仪表的类型

汽车仪表按其工作原理分为机电模拟式仪表和电子式仪表，如图 6-2 所示。汽车仪表板上主要设置有燃油表、冷却液温度表、车速里程表、发动机转速表和机油压力表等，还有各类报警指示灯。

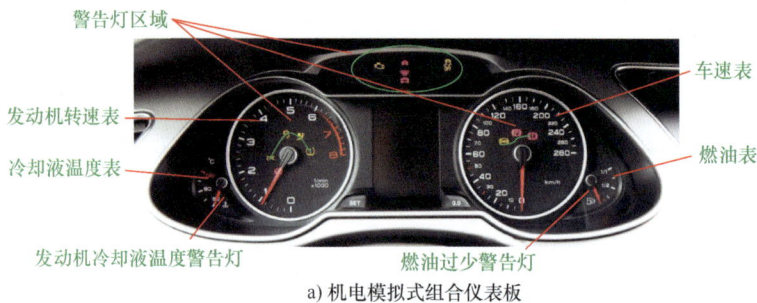

a）机电模拟式组合仪表板

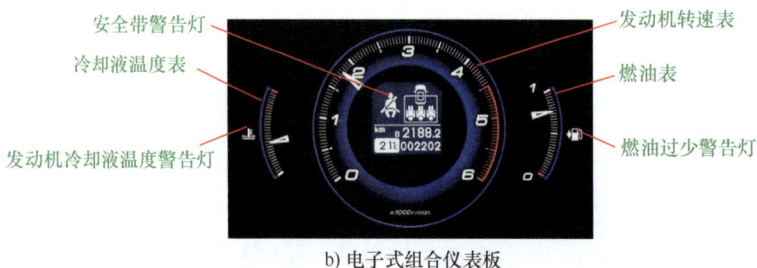

b）电子式组合仪表板

图 6-2　汽车仪表板

职场健康与安全：

　　许多较新的仪表板采用计算机驱动仪表，这些仪表以不同的原理工作。检修时务必遵循制造厂的检测技术规范进行，否则会损坏仪表。

二、报警系统

　　汽车为了保证行车安全和提高车辆的可靠性，安装了许多报警装置，常见报警指示灯符号说明见表6-1。

表 6-1　常见报警指示灯符号说明

符号	颜色	名称	说明
	红色	蓄电池充电指示灯	发电机不发电时点亮（多数汽车）
	红色	冷却液温度过高警告灯	发动机过热时点亮
	红色	机油压力过低警告灯	机油压力低于规定限值以下时点亮
	绿色	转向指示灯	开转向灯时点亮
	红色	燃油过少警告灯	燃油余量不足时点亮
	蓝色	远光指示灯	前照灯远光点亮时点亮
	蓝色	近光指示灯	前照灯近光点亮时点亮
	绿色（前）红色（后）	前后雾灯指示灯	前后雾灯接通时，两灯点亮
	绿色	示宽指示灯	开示位灯时点亮
	红色	安全带未系警告灯	安全带未扣时点亮，有的发动机起动后约7s灯灭，有的系好安全带才熄灭，有的还有声音提示
	红色	车门未关警告灯	车门打开或半开时点亮
	红色	安全气囊警告灯	安全气囊失效时点亮
	黄色	发动机故障警告灯	发动机电控系统有故障时点亮
	红色	驻车制动警告灯	驻车制动器起作用时点亮

（续）

符号	颜色	名称	说明
	红色	制动警告灯	制动系统有故障或制动液液面低时点亮
	黄色	洗涤液指示灯	洗涤液即将耗尽时点亮
	黄色	制动片磨损指示灯	制动片磨损到极限时点亮
	黄色	防抱死制动系统故障警告灯	防抱死制动系统电控部分有故障时点亮

报警装置一般由传感器和安装在组合仪表板上红色、绿色、黄色和蓝色的报警指示灯组成，如机油压力过低、燃油量过少、车门未关、安全气囊等系统发生故障，汽车的报警装置将及时点亮安装在组合仪表板上相应的指示灯发出报警信号，提醒驾驶人注意或停车检修。

第二课　仪表系统

一、电压表

电压表不仅能监控发电机和调节器的工作情况，同时还能指示蓄电池的技术状况，比电流表和充电指示灯更为直观和实用，所以近年来有些车辆开始装用电压表。接通点火开关，电压表即可指示蓄电池的端电压，对于 12V 电气系统的汽车，电压一般为 11.5~12.6V；接通起动机的瞬间，电压将下降至 9~10V，若起动时电压表指示值过低，则说明蓄电池亏电或有故障；若汽车正常行驶时，电压表指示值不在 13.5~14.5V 范围内，说明调节器有故障；若起动前后电压表指示值不变，则说明发电机不发电。常见的电压表有电热式和电磁式两种。

1. 电热式电压表

电热式电压表的结构如图 6-3 所示，它由双金属片及绕在其上的电热丝、指针、刻度盘等组成。当在两接线柱间加一定电压时，电热丝中有电流通过而发热，导致双金属片变形，推动指针摆动。两接线柱间的电压越高，电热丝发热量就越大，双金属片变形量也就越大，则指针偏转角度也就越大；反之电压越低，指针偏转角度也就越小。

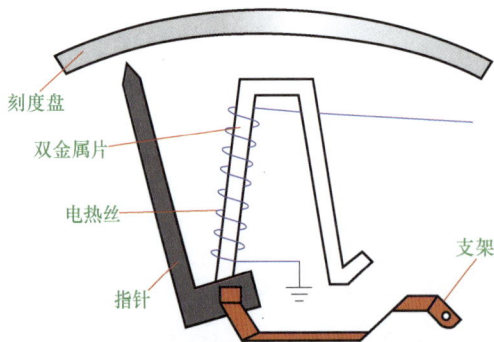

图 6-3　电热式电压表的结构

> **职场健康与安全:**
>
> 　　双金属片是利用两种膨胀系数不同的金属制成的。受热时膨胀系数大的一面向膨胀系数小的一面弯曲,冷却时恢复原状。

2. 电磁式电压表

电磁式电压表的结构如图 6-4 所示,它由两只十字交叉的电磁线圈、永久磁铁、转子、指针及刻度盘组成。两只线圈相互串联,在电路中又装有一个稳压管和限流电阻,稳压管的作用是当电源电压达到一定数值时才能将电压表电路接通。在点火开关未接通时,永久磁铁将转子磁化,使指针指向最小刻度 9V。接通点火开关,电源电压高于稳压管击穿电压后,两线圈中便有电流流过,产生磁场,与永久磁铁的磁场相互作用,使转子带动指针偏转。电源电压越高,通过十字交叉线圈的电流就越大,其电磁场就越强,指针偏转角度就越大,指示出的电压值就越高。

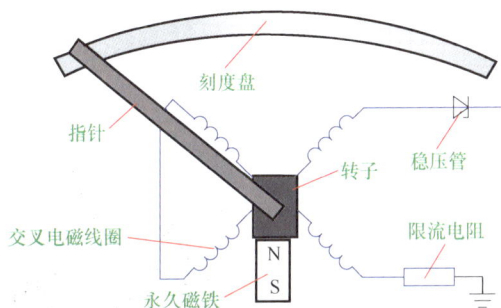

图 6-4　电磁式电压表的结构

二、车速里程表

车速里程表是用来指示汽车行驶速度和累计行驶里程数的仪表,它由车速表和里程表两部分组成,如图 6-5 所示。车速表显示的是汽车的时速,公制单位是 km/h,英制单位是 Mile/h。里程表是记录车辆行驶里程的仪表,多整合在车速表内。车速里程表分为机械式和电子式两种。

图 6-5　车速里程表

1. 机械式车速里程表

机械式车速里程表如图 6-6 所示。汽车行驶时,软轴驱动车速里程表的转轴,带动永久磁铁旋转,永久磁铁旋转时在铝罩上感应出电涡流而产生磁场。这个磁场与永久磁铁的旋转磁场相互作用产生转矩,克服盘形弹簧的弹力,带动指针偏转一定角度,指示汽车的瞬时行驶速度。由于转轴的旋转，驱动了三套蜗轮蜗杆按一定的传动比转动，带动里程表计数器累计行驶里程。汽车停止行驶时，由于蜗轮蜗杆也停止转动，又且不会倒转，所以能间歇不断地累计总里程。机械式车速里程表中的软轴在高速下常常造成疲劳断裂，从而使里程表功能失效，所以机械式里程表已经慢慢退出市场。

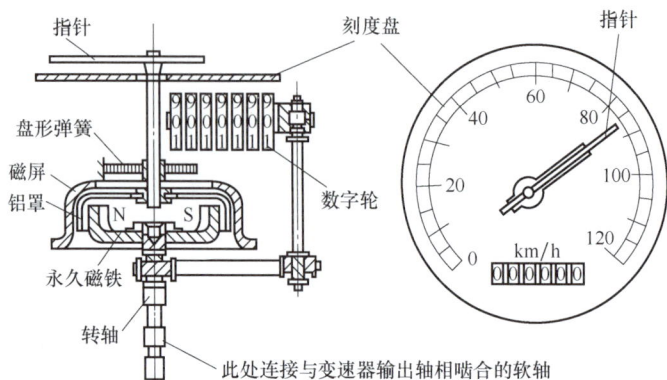

图 6-6　机械式车速里程表

2. 指针电子式车速里程表

指针电子式车速里程表如图 6-7 所示，它主要由车速传感器、电子电路、车速表和里程表四部分组成。从变速器上的速度传感器获取信号，通过脉冲频率的变化使指针偏转或者显示数字。

车速传感器由变速器驱动，能够产生正比于汽车行驶速度的电信号。车速传感器有接触式和非接触式两种。接触式车速传感器如图 6-8 所示。当汽车行驶时，里程表被动齿轮驱动电子里程表传感器内的磁钢进行圆周运动，磁钢每转一周，电子里程表传感器就输 N 个（一般为 8 个或 10 个）脉冲信号，经连接线束传给车速里程表。

图 6-7　指针电子式车速里程表

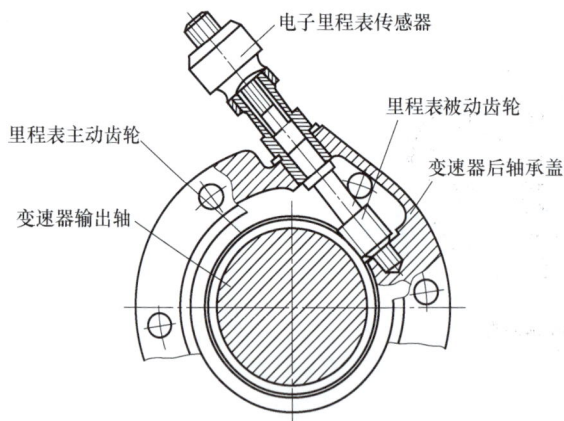

图 6-8　接触式车速传感器

非接触式车速传感器如图 6-9 所示，传感器探头与里程表转子之间有一定的间隙，这个间隙一般控制在 (1.4 ± 0.6) mm 范围内。当汽车行驶时，里程表转子与变速器输出主轴一起转动，当里程表转子的某一个齿转动到传感器探头对应的位置时，探头中的敏感器件受到里程表转子磁场作用输出一个低电平，当里程表转子的齿没有与传感器探头对准，探头中的敏感器件没有受到磁场作用而输出高电平。这样变速器输出轴每转动一周，里程表传感器就有八个方波脉冲信号输出，经连接线束传给车速里程表。

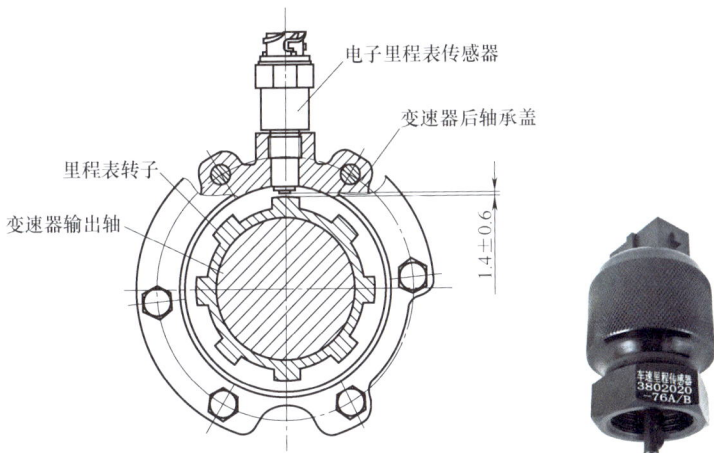

图 6-9　非接触式车速传感器

电子电路的作用是将车速传感器送来的具有一定频率的电信号，经整形、触发、输出一个与车速成正比的电流信号。

车速表实际上是一个磁电式电流表，当汽车以不同车速行驶时，从电子电路输出的与车速成正比的电流信号便驱动车速表指针偏转，从而指示相应的车速。

里程表由一个步进电动机及六位数字的十进位齿轮计数器组成。车速传感器输出的频率信号，经功率放大器驱动步进电动机，带动六位数字的十进位齿轮计数器工作，从而积累行驶的里程。

电子式车速里程表指示读数比机械式更加准确，而且互相接触的传动部件减少，损坏率与成本均减少，所以现在被广泛使用。

三、燃油表

燃油表是用来指示汽车油箱中存油量的仪表，它由安装在油箱中的燃油表传感器和仪表板上的燃油指示表两部分组成。燃油表分为模拟式和电子式两种。

1. 模拟式燃油表

模拟式燃油表也称为指针式燃油表，用"1/1""1/2"和"0"分别表示满油、半箱油和无油；也有的车型用"F"表示满油，"E"表示无油，如图 6-10 所示。

（1）电热式燃油表　电热式燃油表电路主要由电源稳压器、燃油表和燃油表传感器组成，如图 6-11 所示。当燃油量较多时，浮子上升，燃油表传感器阻值减小，流过燃油表加热线圈中的电

图 6-10　模拟式燃油表

流较大，双金属片变形大，指针指向燃油较多方向；相反燃油较少时，浮子下降，燃油表传感器阻值较大，双金属片变形小，指针指向燃油较少方向。

图 6-11 电热式燃油表

职场健康与安全：

　　电热式燃油表不允许直接与电源相接，否则会烧坏仪表。

　　（2）电磁式燃油表　　电磁式燃油表如图 6-12 所示，当油箱内无油时，浮子下降到最低位置，燃油表传感器上的可变电阻器被短路，燃油表内的右线圈也被短路。此时，左线圈在电源电压的作用下，电流达到最大，产生的电磁强度也最大，吸引转子带动指针偏向最左端，指在"0"位上。

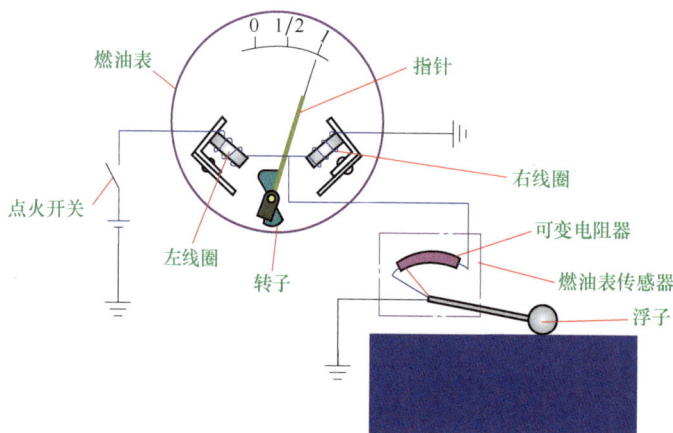

图 6-12 电磁式燃油表

　　当向油箱中加油时，随着油量的增多，浮子也上升，电阻逐渐变大。左线圈中的电流逐渐减小，电磁强度相对减弱。右线圈中的电流逐渐增大，电磁强度相对增强，两线圈的合成磁场偏向右方，吸引转子带动指针顺时针偏转，指示油量增多。

　　当油箱注满时，浮子上升到最高处，燃油表传感器的电阻被全部接入，这时左线圈中的电流最小，而右线圈中的电流最大，电磁力也达到最大，在两线圈的合成磁场作用下，吸引转子带动指针偏向最右端指在"1"的刻度上，表示油箱已盛满油。

　　（3）电子控制式燃油表　　电子控制式燃油表是由电子模块或微处理器控制模拟式燃油表，燃油表传感器将获得的燃油量信息送至电子模块或车载计算机，然后由电子模块或车载计算机输出控制电流使模拟式燃油表指针偏转。如果燃油表电路发生故障，需用汽车诊断仪检查。

2. 电子式燃油表

电子式燃油表有图形显示和数字显示两种，如图 6-13 所示。电子式燃油表的基本原理是电子芯片控制电路驱动发光二极管显示。电子式燃油表的优点是比普通模拟式燃油表更精确。

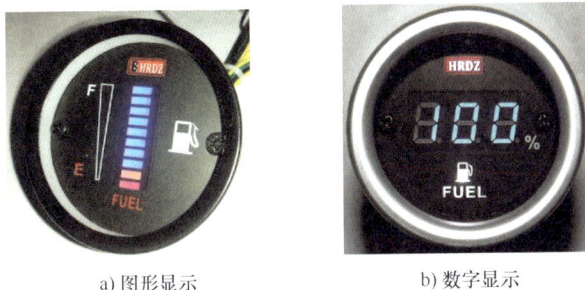

a) 图形显示　　　　　　　　b) 数字显示

图 6-13　电子式燃油表

发光二极管显示电子燃油表电路图如图 6-14 所示。电子燃油表的传感器仍采用浮子式可变电阻传感器。RP 是传感器的可变电阻，油箱无油时，其电阻值约为 100Ω，满油时约为 5Ω。电阻 $R15$ 和二极管 $VD8$ 组成稳压电路，其稳定电压作为电路的标准电压，通过 $R8\sim R14$ 接到由集成电路 IC1 和 IC2 组成的电压比较器的反向输入端；传感器的可变电阻 RP 由 A 端输出电压信号，经电容器 C 和电阻 $R16$ 组成的缓冲器后，接到电压比较器的同向输入端。电压比较器将此电压信号与反向输入端的标准电压进行比较、放大，然后控制各自对应的发光二极管，以显示油箱内燃油量的多少。

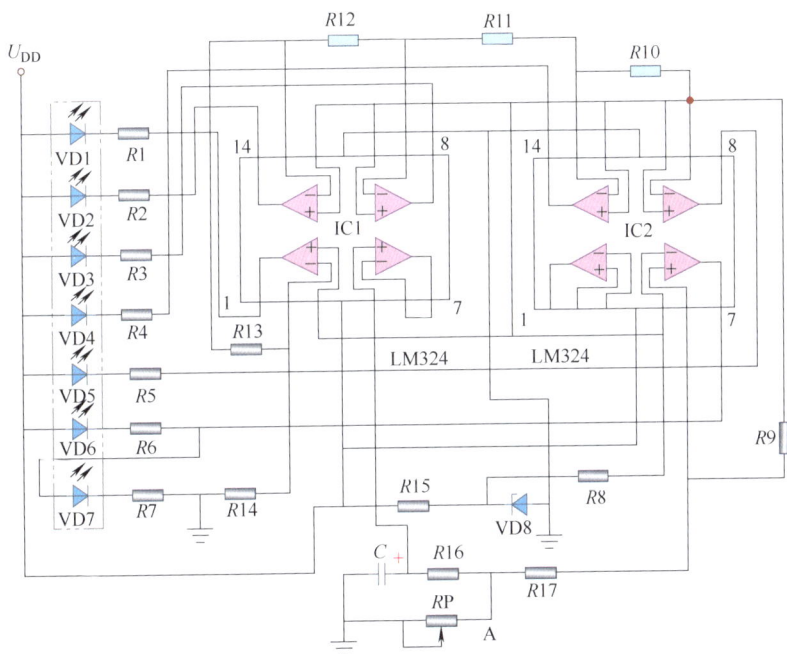

图 6-14　发光二极管显示电子燃油表电路图

当油箱内燃油加满时，传感器的可变电阻 RP 阻值最小，A 点电位最低，各电压比较器输出为低电平，此时 6 个绿色发光二极管 $VD2\sim VD7$ 全部点亮，而红色发光二极管 $VD1$ 因其正极电位变低而熄灭，这表示油箱已满。随着汽车的运行，油箱内的燃油量逐渐减少，绿色发光二极管 $VD7$、

VD6、VD5、…VD2 依次熄灭。燃油量越少,绿色发光二极管亮的个数越少。当油箱内燃油用完时,*RP* 的阻值最大,A 点电位最高,集成块 IC2 第 5 脚电位高于第 6 脚的标准电位,第 7 脚可输出高电位,此时红色发光二极管 VD1 亮,其余 6 个绿色发光二极管全部熄灭,表示燃油量过少,必须给油箱补加燃油。

四、冷却液温度表

冷却液温度表也称为水温表,是显示发动机冷却液温度的仪表,单位有摄氏温度(℃)或华氏温度(F),如图 6-15 所示。冷却液温度表由安装在发动机水套上的冷却液温度传感器和仪表板上的温度指示表两部分组成。冷却液温度表有电热式和电磁式两种,电热式温度指示表配用的传感器有热敏电阻传感器或电热式温度传感器,电磁式温度指示表多配用热敏电阻传感器。

图 6-15　冷却液温度表

1. 配用热敏电阻传感器的电热式冷却液温度表

配用热敏电阻传感器的电热式冷却液温度表电路示意图如图 6-16 所示,它主要由电源稳压器、冷却液温度指示表和热敏电阻冷却液温度传感器(负温度型)三部分组成。为了保证冷却液温度表读数的精度,使指针的指示位置只与冷却液的温度有关,不受电源电压的影响,在电源电压波动时起稳压作用,所以电路中加入了一个电源稳压器。冷却液温度低时,热敏电阻阻值较大,进入加热线圈电流较小,指针仅在最低刻度附近微动。随着冷却液温度的升高,热敏电阻阻值减小,进入加热线圈的电流增大,使双金属片带动指针向高刻度方向转动。当冷却液温度超过 100℃时,热敏电阻阻值最小,流进加热线圈的电流达到最大,指针显示最高温度。

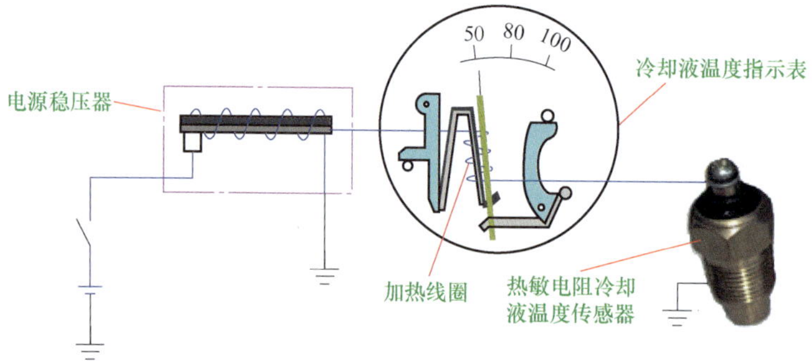

图 6-16　配用热敏电阻传感器的电热式冷却液温度表电路示意图

职场健康与安全:
　　配用热敏电阻传感器的冷却液温度指示表不允许直接与电源相接,否则会烧坏仪表。

2. 配用电热式温度传感器的电热式冷却液温度表

配用电热式温度传感器的电热式冷却液温度表电路示意图如图 6-17 所示。电热式温度传感器的双金属片使触点具有一定的初始压力,当冷却液温度升高时,双金属片向离开静触点方向弯曲,使触点间压力减弱,触点的闭合时间变短,断开时间变长,流过冷却液温度指示表加热线圈的脉冲电流平均值减小,冷却液温度表指针指在高温区。冷却液温度低时,触点间压力增大,触点的闭合时间变长,断开时间缩短,电流的平均值增大,冷却液温度表指针指在低温区。这种冷却液温度表有一明显特点，就是当点火开关断开时，指针停留在刻度值最高位置。

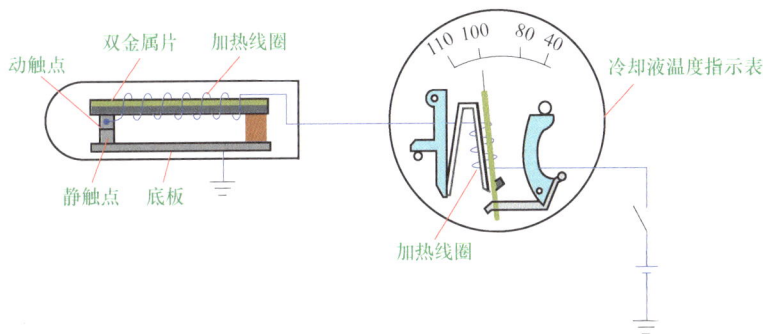

图 6-17　配用电热式温度传感器的电热式冷却液温度表电路示意图

3. 电磁式冷却液温度表

电磁式冷却液温度表电路示意图如图 6-18 所示。在表壳内固装着互成一定角度的两个铁心，铁心上分别绕有电磁线圈，其中一个与传感器串联，另一个与传感器并联，两个铁心的下端设置了带指针的偏转转子。当发动机冷却液温度升高或下降时，热敏电阻传感器的电阻值发生变化（变小或变大），串、并联线圈中的电流变大或变小，两个铁心产生的电磁力发生变化，使作用于转子的电磁吸力也随之变化，转子带动指针偏转，从而显示出相应的温度值。

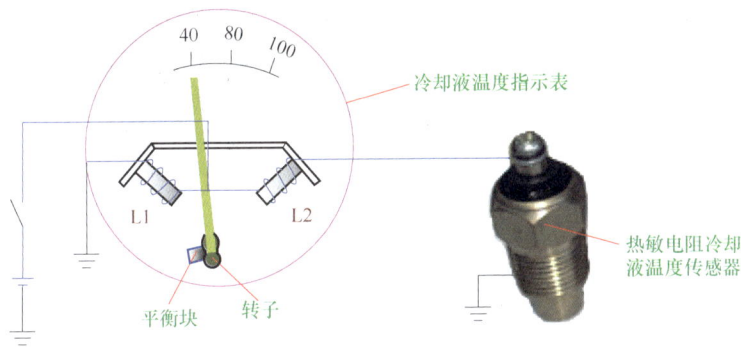

图 6-18　电磁式冷却液温度表电路示意图

4. 电子式冷却液温度表

电子式冷却液温度表如图 6-19 所示。冷却液温度表传感器电阻随发动机冷却液温度变化而变化，使输出电压信号也发生变化，电控单元检测到电压变化后，便将其与参考电压比较，然后在显示器上显示出来。

图 6-19　电子式冷却液温度表

五、发动机转速表

图 6-20　发动机转速表

　　发动机转速表能够直观地显示发动机在各工况下的转速，驾驶人可以随时知道发动机的运转情况，配合变速器档位和加速踏板位置，使之保持最佳的工作状态，对减少油耗、延长发动机使用寿命有好处。转速表单位是 r/min×1000，如图 6-20 所示。发动机转速表有机械式和电子式两种。由于电子式转速表具有结构简单、指示准确和安装方便等优点，因此被广泛应用。

　　电子式转速表（图 6-21）转速信号的获取方式有以下三种：从点火系统获取，从发动机转速传感器获取，从发电机获取。转速表传感器的脉冲信号经电控单元接收后计算出发动机的转速，然后在显示器上显示出来。

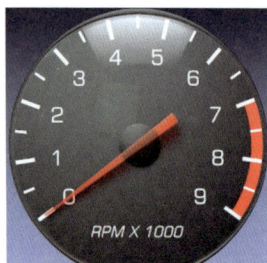

图 6-21　电子式转速表

六、电源稳压器

　　为了使仪表指示值不受电源电压波动的影响而能正常准确地工作，需将仪表输入电压有效值保持恒定，需加以稳压。为此在仪表电路中采用了双金属片触点式电源稳压器，如图 6-22 所示。

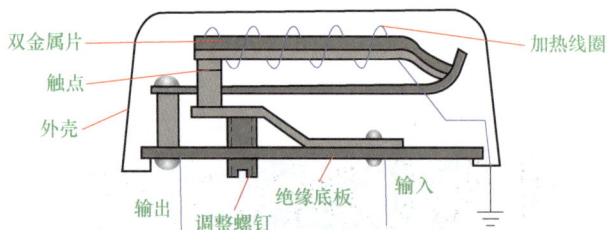

图 6-22　电源稳压器

　　双金属片一端固定，另一端铆有动触点。双金属片上绕有一只加热线圈，其引线的一端焊在双金属片上，另一端搭铁。电源接通时，触点处于闭合状态，输出电压与输入电压相等。加热线圈有电流通过，双金属片受热变形向上挠曲，触点断开，输出电压等于零。当触点断开后，切断了通过加在线圈上的电流，双金属片冷却后复原，触点重又闭合。上述过程循环往复，便产生矩

形脉冲输出电压。

当电源电压为设计值时，稳压器触点断开和闭合的频率是稳定的某一定值，稳压器输出电压有效值为设计的恒定值。当电源电压增高时，流过稳压器的电流增加，热效应使触点分离时间延长，闭合时间短，双金属片变形快。反之，电流减小时，热效应减小，触点的闭合时间长，双金属片变形慢，使稳压器输出电压有效值仍为原设计的恒定值。所以稳压器输出电压的有效值与电源电压的波动无关。这样就保证了燃油表和冷却液温度表的指示值不受汽车电源电压波动的影响。

使用中，可通过改变触点的位置调节双金属片的变形时间，来调整输出电压的高低。

职场健康与安全：

电源稳压器在安装时，两接线柱的接线不得接错。

第三课　报警系统

一、充电指示灯

目前很多汽车不装电流表，而用充电指示灯显示电源系统的工作状态，当发动机工作时，绝大部分车型的充电指示灯应处于熄灭状态，若仍点亮说明电源系统有故障，应及时进行检查并排除故障。

九管发电机控制充电指示灯电路图如图 6-23 所示。接通点火开关，电流从蓄电池正极→点火开关→充电指示灯 HL→调节器接线柱+→磁场接线柱 F→发电机励磁绕组→搭铁→蓄电池负极，构成回路。充电指示灯亮，表示不充电。

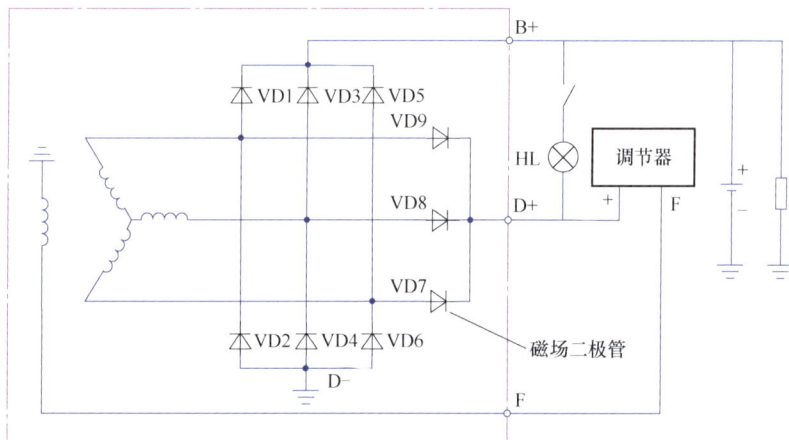

图 6-23　九管发电机控制充电指示灯电路图

当发动机起动后，充电指示灯受蓄电池电压和励磁二极管输出端的电压 D+的差值所控制。随着发电机转速的升高，D+处电压升高，充电指示灯两端的电位差减小，灯就会自动变暗与熄灭。此后，B+与 D+等电位（都高于蓄电池电动势），充电指示灯一直熄灭，表示发电机对蓄电池充电。

二、机油压力过低警告灯

目前，很多车辆用机油压力警告灯取代机油压力表，以简化仪表结构，当警告灯亮时，表示机油压力过低。

1. 弹簧管式机油压力过低警告灯

弹簧管式机油压力过低警告灯电路图如图6-24所示，它由一个压力开关和警告灯组成，压力开关通过螺纹连接到发动机缸体主油道上。当点火开关置于"ON"档时，管形弹簧内无机油，动触点靠近静触点，电路接通，警告灯点亮；当发动机起动后，机油进入管形弹簧，弹簧伸张使动触点离开静触点，警告灯熄灭。如果机油压力过低或无机油，弹簧不能伸张，警告灯点亮。警告灯点亮后驾驶人应立即停车检查。

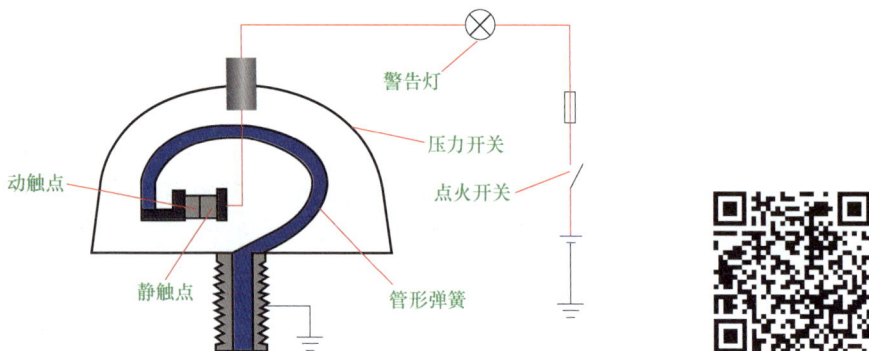

图6-24　弹簧管式机油压力过低警告灯电路图

2. 膜片式机油压力过低警告灯

膜片式机油压力过低警告灯电路图如图6-25所示，当机油压力低于一定值时，油压警报传感器中的动触点下降与静触点相接触，接通油压警告灯电路，警告灯发亮。

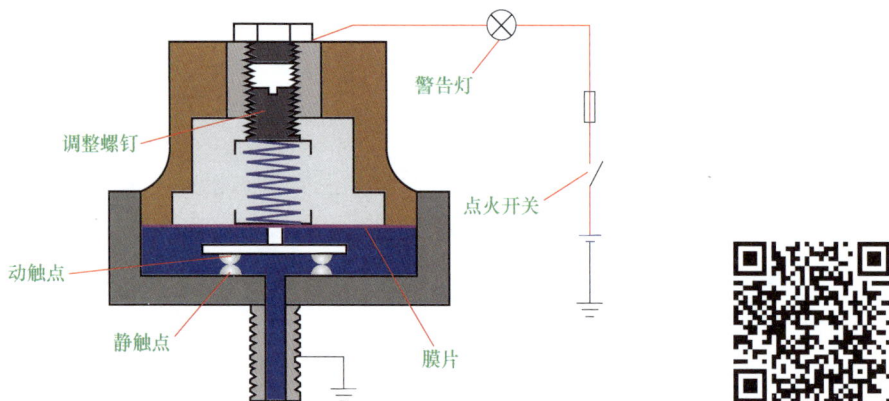

图6-25　膜片式机油压力过低警告灯电路图

三、冷却液温度过高警告灯

当发动机冷却液的温度达到或超过规定时，驾驶室仪表板上的冷却液温度过高警告灯就点亮报警，提醒驾驶人及时停车检查和冷却。

冷却液温度过高警告灯电路示意图如图6-26所示：当冷却液温度达到规定的极限时，双金属片受热变形，两触点相接触，警告灯点亮；当冷却液温度下降后，双金属片变形量减小，两触点又断开，警告灯熄灭。

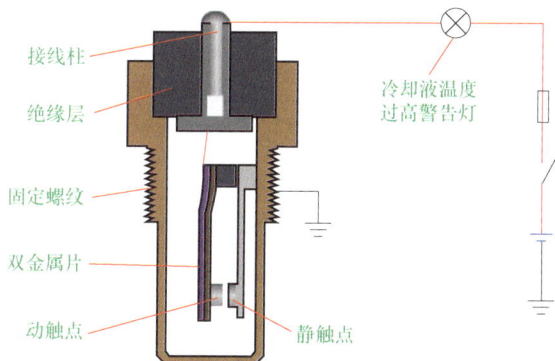

图 6-26　冷却液温度过高警告灯电路示意图

四、燃油量过少警告灯

当油箱内燃油减少到规定值以下时，仪表板上的燃油量警告灯点亮，提醒驾驶人注意。

燃油量过少警告灯电路图如图 6-27 所示，警报开关为热敏电阻式（负温度型），装在油箱内。当油箱内燃油量过多时，热敏电阻元件没在燃油中散热快，温度较低，电阻值较大。因此电路中几乎没有电流，警告灯不亮。而当燃油减少到规定值以下时，热敏电阻元件露出油膜，散热较慢，温度升高，电阻值减小，电路中电流增大，警告灯发亮。

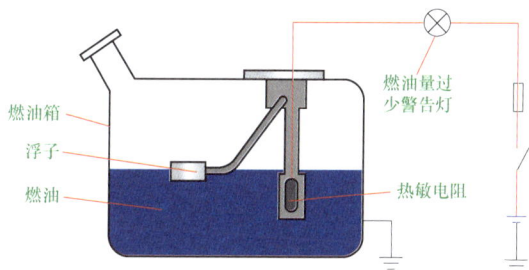

图 6-27　燃油量过少警告灯电路图

五、冷却液、制动液、风窗玻璃洗涤液液面过低警告灯

液面过低警报装置适用于冷却液、制动液、风窗玻璃洗涤液等液面过低的警报，如图 6-28 所示。当浮子随液面下降到规定值以下时，永久磁铁吸动干簧开关（也称为舌簧开关）使之闭合，接通电路，使警告灯发亮，以示警告。当液面在规定值以上时，浮子上升，磁铁吸力不足，干簧开关在自身弹力的作用下，使电路断开，警告灯熄灭。

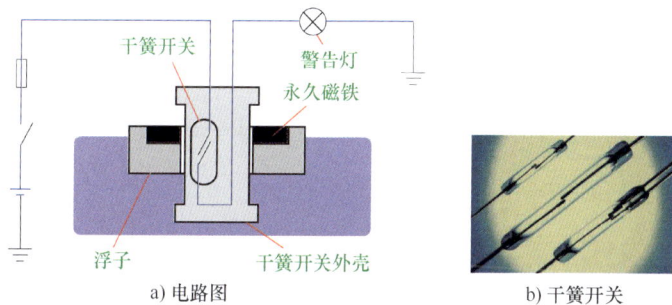

a) 电路图　　　　　　　　　　　b) 干簧开关

图 6-28　液面过低警告灯

第四课　仪表和报警系统的故障诊断与排除

一、仪表和报警系统电路

仪表和报警系统的一般电路图如图 6-29 所示，仪表和报警系统电路的特点如下：

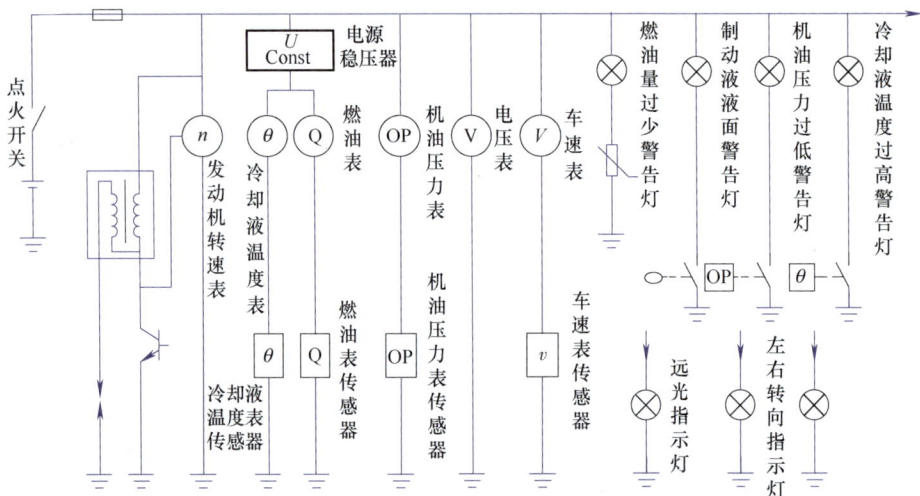

图 6-29　仪表和报警系统的一般电路图

　　1）所有的电气仪表都受点火开关控制，在点火开关的工作档（ON）与起动档（ST）和电源接通，在专用档（ACC）与电源断开。

　　2）汽车仪表常用双金属片电热丝式结构，表头一般只有两根线；也有双线圈十字交叉，中间有一个磁性指针的，多为三根线引出，其中，一根线接点火开关 IG 接线柱，另一根线搭铁，还有一根线接传感器。

　　3）各仪表的表头与其传感器串联，燃油表、冷却液温度表一般还串有电源稳压器。

　　4）指示灯、警告灯与仪表装配在一个总成内或在附近布置，当点火开关处于"ON"档，能检验大多数仪表、指示灯和警告灯是否良好。

　　5）指示灯和警告灯的电路接法有两种：一种是灯泡由点火开关供电，外接传感器开关，传感器开关接通则搭铁构成回路，灯亮，如燃油量过少警告灯、制动液液面警告灯、机油压力过低警告灯和冷却液温度过高警告灯等；另一种接法是指示灯搭铁，控制信号来自控制开关的正极端，如远光指示灯，左、右转向指示灯等。

二、常见故障的诊断与排除

1. 冷却液温度表指针不动

冷却液温度表指针不动的故障诊断与排除见表 6-2。

表 6-2　冷却液温度表指针不动的故障诊断与排除

故障现象	故障原因	故障诊断与排除
冷却液温度表指针不动	1）电源稳压器工作不正常 2）冷却液温度表自身故障 3）冷却液温度表传感器故障 4）电路有断路	将冷却液温度表传感器的接线插头拔下，使该导线直接搭铁，打开点火开关，观察冷却液温度表的指针，如指针开始移动，则说明故障在传感器；如指针仍不移动，则说明故障在冷却液温度表自身、电源稳压器或电路有断路。如果冷却液温度表和燃油表同时出现故障，电源稳压器或电路出现故障的可能性较大，应首先检查电源稳压器工作是否正常。在排除电源稳压器和电路故障之后，即可断定故障发生在冷却液温度表自身

2. 燃油表指针总指向无油位置

燃油表指针总指向无油位置的故障诊断与排除见表 6-3。

表 6-3　燃油表指针总指向无油位置的故障诊断与排除

故障现象	故障原因	故障诊断与排除
燃油表的指针总指向无油位置	1）电源稳压器工作不正常 2）燃油表自身故障 3）电路有断路 4）燃油表传感器故障或浮子机构被卡住	首先拔下燃油表传感器接线插头，使该导线直接搭铁，打开点火开关，观察燃油表的指针，如果指针开始向满油刻度移动，说明故障在燃油表传感器；若仍没有反应，则说明故障在燃油表自身、电源稳压器或电路有断路，需进一步采用排除法进行诊断

3. 冷却液温度过高警告灯常亮

冷却液温度过高警告灯常亮故障的诊断与排除见表 6-4。

表 6-4　冷却液温度过高警告灯常亮故障的诊断与排除

故障现象	故障原因	故障诊断与排除
冷却液温度过高警告灯常亮	1）冷却液温度报警开关故障 2）电路有搭铁处 3）冷却液过少 4）冷却液液位开关故障	首先检查发动机冷却液温度是否真的过高，储液罐液面是否过低。这些都正常而仍然报警，可拔下储液罐液位开关插头。如果警告灯熄灭，说明故障在液位开关；若仍然亮，接好液位开关插头，拔下冷却液温度报警开关插头。如果警告灯熄灭，说明故障在冷却液温度报警开关；若仍然亮，则说明电路有搭铁处

任务实施

任务一　拆装仪表板

1. 任务目的描述

1）能按规范步骤有序地拆卸组合开关的线束。

2）能按规范步骤有序地拆装仪表板。

3）能积极主动参与任务，能与小组成员团结协作，能执行实训室"6S"规定。

2. 任务准备

1）知识准备：完成第一课仪表和报警系统概述的学习。

2）设备准备：汽车、汽车电气设备拆装工量具、演示课件（或操作视频）。

3. 任务步骤

1）老师演示或播放视频：拆装仪表板。

2）学生练习拆装仪表板（或老师演示时同步练习），并完成《汽车电气设备构造与维修工作页》相应部分内容的填写。

4. 任务评价

任务评价内容及标准见表6-5。

表6-5　任务评价内容及标准

序号	项目	操作内容	分值	评分标准	得分
1	准备	清点工量具、清理工位	5分	酌情扣分	
2	认识	认识仪表系统	8分	操作不当扣1~8分	
		认识报警系统	8分	操作不当扣1~8分	
3	拆卸	拆卸转向盘	9分	操作不当扣1~9分	
		拆卸组合开关	9分	操作不当扣1~9分	
		拆卸组合仪表板	9分	操作不当扣1~9分	
4	安装	安装顺序与拆卸顺序相反	27分	操作不当扣1~27分	
5	完成时间	160min	10分	超时1~5min扣1~5分 超时5min以上扣10分	
6	安全文明	无安全隐患，无不文明操作	5分	未达标扣1~5分	
7	结束	工量具清洁归位	5分	漏一项扣1分，未做扣5分	
		工作场地清洁	5分	清洁不彻底扣1~5分，未做扣5分	
总分			100分		

任务二　检测与更换燃油表传感器

1. 任务目的描述

1）知道燃油表传感器在车上的安装位置。

2）能检测燃油表传感器并更换。

3）能积极主动参与任务，能与小组成员团结协作，能执行实训室"6S"规定。

2. 任务准备

1）知识准备：完成第二课仪表系统的学习。

2）设备准备：汽车、汽车电气设备拆装工量具、演示课件（或操作视频）。

3. 任务步骤

1）老师演示或播放视频：检测与更换燃油表传感器。

2）学生练习检测与更换燃油表传感器（或老师演示时同步练习），并完成《汽车电气设备构造与维修工作页》相应部分内容的填写。

4. 任务评价

任务评价内容及标准见表6-6。

表 6-6　任务评价内容及标准

序号	项目	操作内容	分值	评分标准	得分
1	准备	清点工量具、清理工位	5 分	酌情扣分	
2	拆卸	拆卸燃油表传感器	14 分	操作不当扣 1~14 分	
3	检测	检测燃油表传感器	14 分	操作不当扣 1~14 分	
4	更换	更换燃油表传感器	14 分	操作不当扣 1~14 分	
5	安装	安装燃油表传感器	14 分	操作不当扣 1~14 分	
6	复检	复检燃油表的指示情况	14 分	操作不当扣 1~14 分	
7	完成时间	80min	10 分	超时 1~5min 扣 1~5 分 超时 5min 以上扣 10 分	
8	安全文明	无安全隐患，无不文明操作	5 分	未达标扣 1~5 分	
9	结束	工量具清洁归位	5 分	漏一项扣 1 分，未做扣 5 分	
		工作场地清洁	5 分	清洁不彻底扣 1~5 分，未做扣 5 分	
		总分	100 分		

巩固与提高

一、填空题

1. 汽车仪表按其工作原理分为_____仪表和_____仪表。

2. 组合仪表中出现符号"⇦"时，表示_____灯在工作。

3. 常见的电压表有_____和_____两种。

4. 车速里程表是用来指示汽车_____和_____的仪表。

5. _____表是用来指示汽车油箱中存油量的仪表。

6. 冷却液温度表也称为水温表，是显示发动机_____的仪表。

二、单项选择题

1. 组合仪表中符号"[发动机符号]"的含义是（　　　）。

A. 远光指示灯　　　　　　　　　B. 安全气囊警告灯

C. 发动机故障警告灯　　　　　　D. 驻车制动警告灯

2. 发动机转速表用于显示（　　　）。

A. 凸轮轴转速　　B. 曲轴转速　　C. 车轮转速　　D. 变速器输出轴转速

3. 用于显示电源系统工作状态的是（　　　）。

A. 机油压力过低警告灯　　　　　B. 冷却液温度过高警告灯

C. 燃油量过少警告灯　　　　　　D. 充电指示灯

三、按要求做题

1. 图 6-30 所示为汽车仪表上部分指示灯和警告灯的符号。

| ① | ② | ③ | ④ | ⑤ |

图 6-30　汽车仪表上部分指示灯和警告灯的符号（一）

请从图 6-30 中找出符号名称对应的数字序号，填写在表中对应位置。

符号名称	数字序号
远光指示灯	
近光指示灯	
前雾灯指示灯	
后雾灯指示灯	
前示位灯指示灯	

2. 图 6-31 所示为汽车仪表上部分指示灯和警告灯的符号。

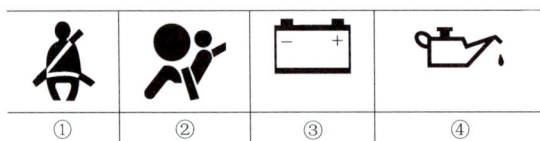

| ① | ② | ③ | ④ |

图 6-31　汽车仪表上部分指示灯和警告灯的符号（二）

在以下表格中填写图 6-31 中相应的序号。

含义	序号
安全气囊故障指示灯	
安全带未系指示灯	
机油压力警告灯	
充电指示灯	

项目七

汽车辅助电器的拆装与检修

第一课　电动座椅

一、电动座椅的作用和组成

电动座椅是以电动机为动力,通过传动装置和执行机构来调节座椅的各种位置,使驾驶人或乘员乘坐舒适的座椅,如图 7-1 所示。电动座椅前后方向的调节量一般为 100~160mm,上下方向的调节量约为 30~50mm。

电动座椅由双向电动机、传动装置和控制电路等组成,如图 7-2 所示。

电动座椅按调节方向数目的不同可分为 2 向、4 向、6 向、8 向和多向可调等,8 种调节功能的电动座椅如图 7-3 所示。

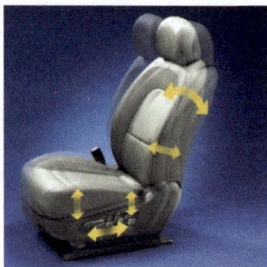

图 7-1　电动座椅

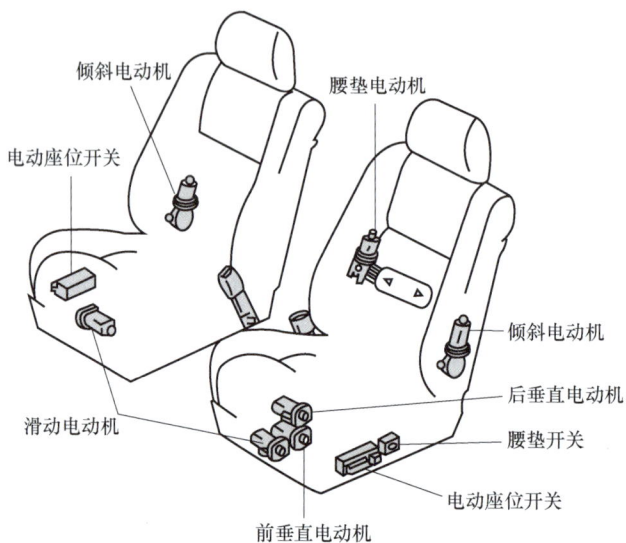

图 7-2　电动座椅的组成

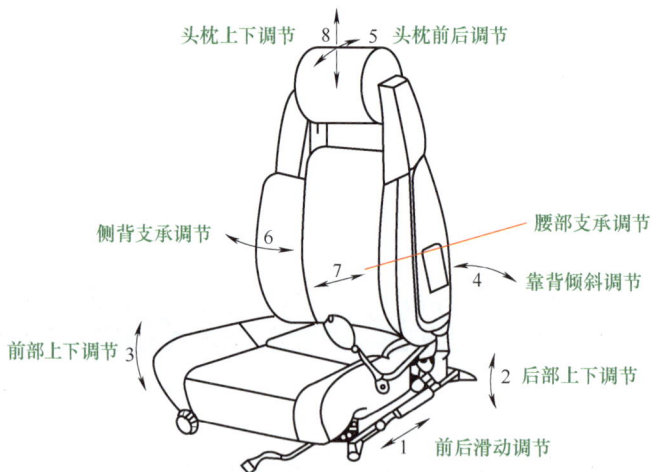

图 7-3　8 种调节功能的电动座椅

二、电动座椅系统的工作原理

1. 电动机的控制原理

电动座椅中使用的一般为永磁式双向直流电动机，通过改变其电流方向，可以完成两个对立方向的调整。为了防止电动机过载，电动机内一般都装有断路器。双向直流电动机产生动力，传动装置可以将动力传至座椅，通过控制开关实现座椅不同位置的调节。

2. 传动装置

传动装置主要包括变速器、联轴节、软轴及齿轮传动机构等。变速器的作用是降速增扭。电动机分别与不同的软轴相连，软轴再与变速器的输入轴相连，动力经过变速器降速增扭后，从变速器的输出轴输出，变速器的输出轴与蜗杆轴或齿轮轴相连，最终蜗轮蜗杆或齿轮、齿条带动座椅支架产生位移。

3. 座椅开关的控制原理

电动座椅利用开关控制流经电动机的电流方向，从而使电动机有两个转动方向，其控制电路原理图如图7-4所示。该座椅共设置了前后滑移电动机、前端垂直升降电动机、靠背倾斜调整电动机及后端垂直升降电动机，分别对座椅前后滑移、前端垂直升降、靠背前后倾斜、后端垂直升降几个方向进行调节。

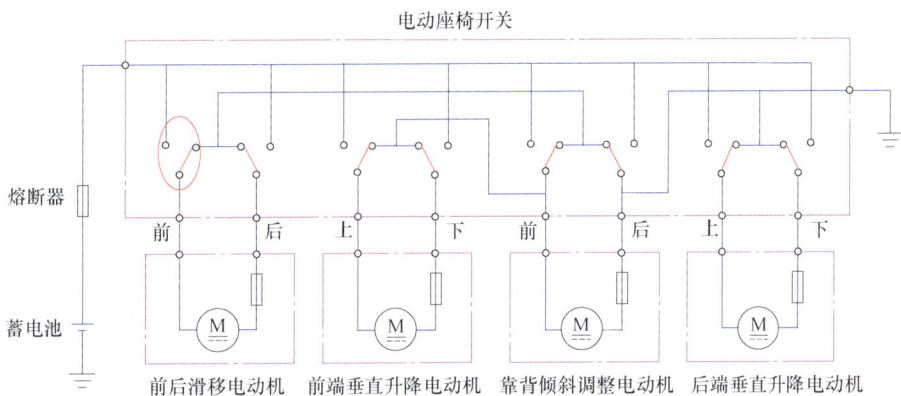

图 7-4　电动座椅的电路原理图

电动座椅往前移动电流方向示意图如图7-5所示。

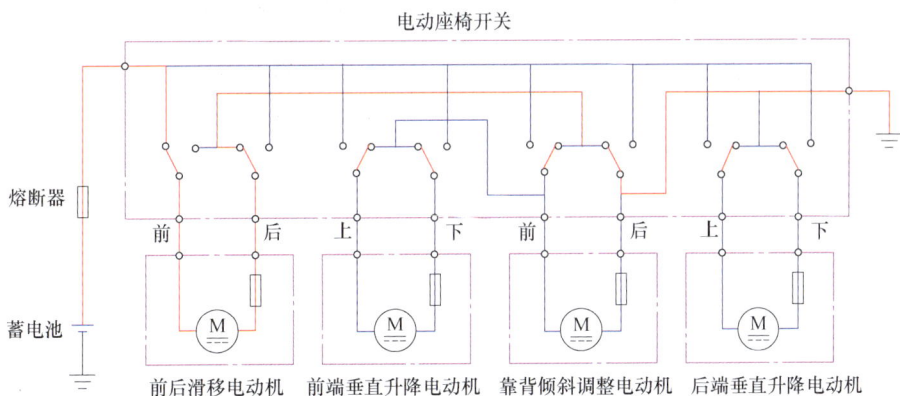

图 7-5　电动座椅往前移动电流方向示意图

三、电动座椅系统的故障诊断与排除

电动座椅系统的故障诊断与排除见表7-1。

表 7-1   电动座椅系统的故障诊断与排除

故障现象	故障原因	故障诊断与排除
电动座椅完全不动作	1）继电器故障 2）熔断器断路 3）电路断路 4）座椅开关故障	首先检查座椅继电器、熔断器是否正常，若继电器、熔断器良好，则应检查电路连接是否正常，最后检查开关
电动座椅某个方向不能工作	1）对应方向的电动机损坏 2）开关或连接导线断路	可以先检查电路是否正常（直接检测电动机通电情况），再检查开关（有没有电压）和电动机（有没有电压）

职场健康与安全:

在更换电动座椅之前，确保电源输入电路不能与其他任何导线短路，否则新的开关将被损坏。还有，切不可在断开座椅开关电气插头时将开关正极输入端子和开关搭铁端子短路，否则开关将被损坏。

第二课　电动车外后视镜

一、电动车外后视镜的作用

后视镜有车外后视镜和车内后视镜两种，如图7-6所示。电动车外后视镜可以使驾驶人通过电动机对后视镜的后视角度进行随意调节，让驾驶人观察汽车左右两侧的行人、车辆以及其他障碍物的情况，确保行车或倒车安全。

a) 车外后视镜   b) 车内后视镜

图 7-6   后视镜

二、电动车外后视镜的组成

电动车外后视镜由后视镜总成和控制电路两部分组成，每个后视镜总成由两个能使后视镜上下、左右方向灵活变换位置的电动机、保持架和反射镜片等组成；控制电路包括选择开关、调节开关、熔丝和导线等，如图7-7所示。有的电动后视镜还带有伸缩功能，由伸缩开关控制伸缩电动机工作，使整个后视镜回转伸出或缩回。

选择开关上的"L"表示左侧，"R"表示右侧。调节开关上的箭头表示上下及左右四个方向。

图 7-7　后视镜开关

三、电动车外后视镜的工作原理

可伸缩式电动车外后视镜控制系统电路图如图 7-8 所示。电动车外后视镜的伸缩是通过后视镜开关上的伸缩开关控制的，该开关控制继电器动作，使左右两镜伸缩电动机工作，来完成伸缩功能。

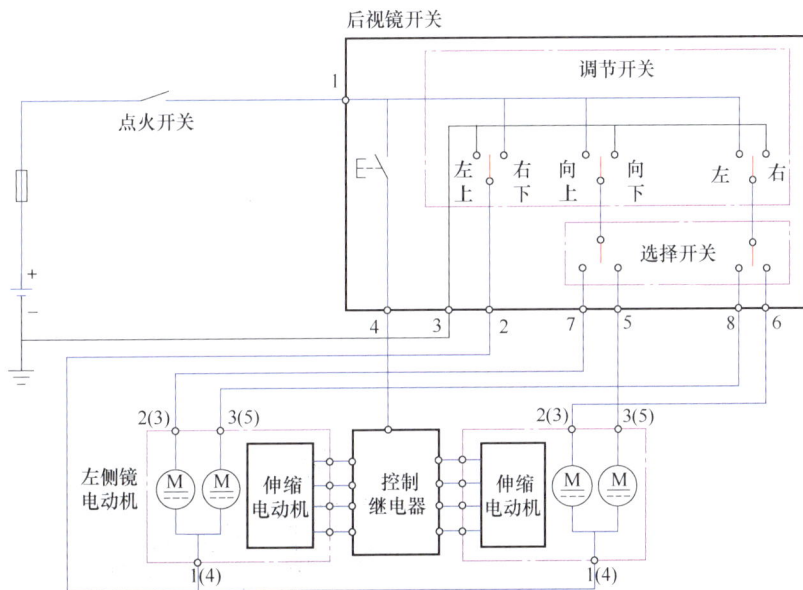

图 7-8　可伸缩式电动车外后视镜控制系统电路图

在进行调整时，首先通过选择开关选择好要调整的后视镜，如调整左镜时，选择开关 L 按下，此时选择开关分别与 7、8 接点接通，再通过调节开关即可进行该镜的上下或左右调整。如果进行向上调整时，可按下调节开关向上箭头，此时调节开关分别与向上接点、左向上接点接合，如图 7-9 所示。电流由蓄电池正极→熔断器→点火开关→调节开关向上接点→选择开关→接点 7→左后视镜上下调整电动机→接点 1→后视镜开关接点 2→调节开关左上接点→后视镜开关接点 3→蓄电池负极，形成回路，左后视镜上下调整电动机运转，完成调整过程。其他调整过程与向上调整过程类似，通过接通不同的开关即可完成。

四、电动后视镜常见故障的诊断与排除

电动后视镜常见故障的诊断与排除见表 7-2。

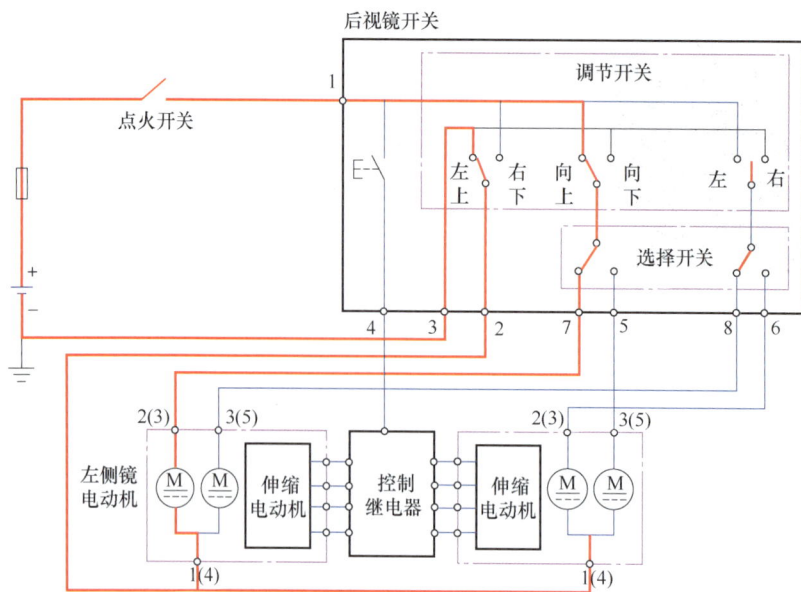

图 7-9　左后视镜向上调整控制系统的电路图

表 7-2　电动后视镜常见故障的诊断与排除

故障现象	故障原因	故障诊断与排除
电动后视镜调节全部失灵	1）保险装置故障 2）电路断路 3）控制开关故障	先检查保险装置是否正常，然后检查控制开关线头有无脱落、松动，电源电路或搭铁电路是否正常，最后检修控制开关
电动后视镜部分功能不正常	1）电动机故障 2）控制开关对应部分有故障 3）对应电路断路、接触不良	先检查电路连接情况，再检查控制开关和电动机

五、汽车电子外后视镜的工作原理

汽车电子外后视镜如图 7-10 所示。汽车电子外后视镜的工作原理就是通过摄像头将车后的实时画面传输到显示屏上，并进行图像处理后显示出来。

1）摄像头成像。汽车电子外后视镜内置一枚摄像头，通过电路控制进行成像。当倒车时，摄像头会自动启动，并将车后的实时画面传输到内置的显示屏上。

图 7-10　汽车电子外后视镜

2）图像处理。将成像后的图像传输到计算机处理器中进行处理，计算机处理器可以进行诸如图像增强、去噪和增加对比度等操作。

3）信号传输。经过处理后的图像信号会传输到显示屏上，电子外后视镜的显示屏通常是内置的，不需要另外接线。

4）显示屏显示。显示屏通过发光二极管背光灯等技术，将处理后的图像信号转化成可视的图像，供驾驶人观看。

这种技术让驾驶人更方便、更安全地驾驶车辆，图 7-11 所示为三个摄像头的影像合成的图像。

车辆右侧车道的情况　　车辆位置　　车辆左侧车道的情况

图为麦格纳电子外后视镜通过三个摄像头的影像合成出来的图像。能够通过图像看到车辆的位置、车辆后方的情况以及车辆两侧车道的情况

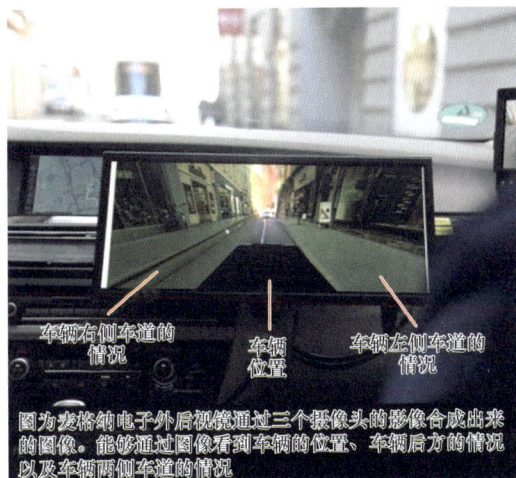

图 7-11　三个摄像头的影像合成的图像

第三课　电动车窗

一、电动车窗的作用

电动车窗可使驾驶人或乘员坐在座位上，利用开关使车门玻璃自动升降，操作简便并有利于行车安全。

二、电动车窗的组成

电动车窗系统由车窗、车窗升降器、电动机、继电器和开关等装置组成。一般的电动车窗系统都装有两套控制开关，如图 7-12 所示。一套装在仪表板或驾驶人侧车门扶手上，为主开关，它由驾驶人控制每个车窗的升降；另一套分别装在每一个乘客门上，为分开关，可由乘客进行操作。一般在主开关上还装有断路开关（也叫作窗锁止开关），如果它断开，分开关就不起作用了。

断路开关

a) 主开关　　　　　　　b) 分开关

图 7-12　电动车窗控制开关

三、电动车窗的工作原理

1. 永磁式电动机电动车窗

采用永磁式电动机时，电动机不直接搭铁，电动机的搭铁受主开关控制，通过改变电动机的电流方向改变电动机的转向，从而实现车窗的升降，控制电路如图 7-13 所示。由于永磁式直流电动机结构简单，应用比较广泛。

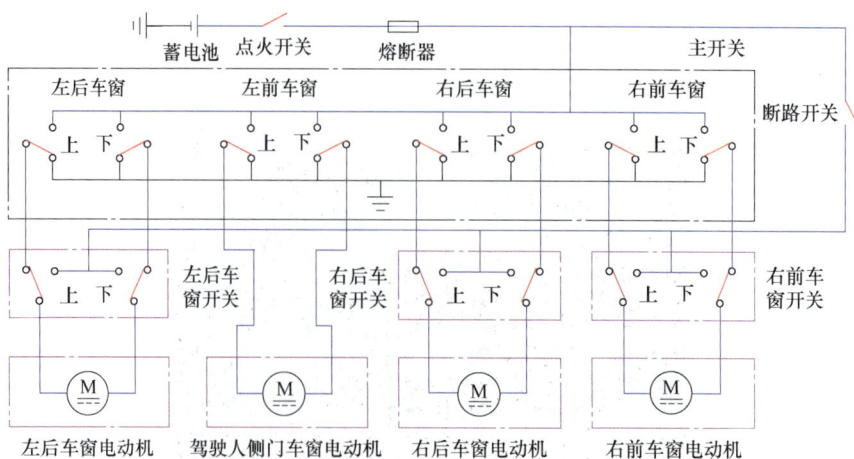

图 7-13　永磁式电动机电动车窗控制原理简图

驾驶人操作主开关中的右前车窗开关，使其在"下"的位置时，电流方向如图 7-14 所示，使右前车窗向下运动。

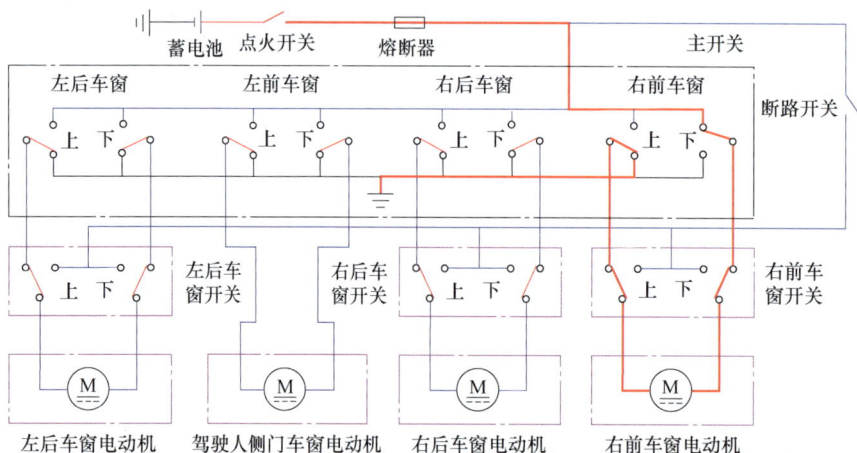

图 7-14　主开关控制右前车窗下降

乘客操作右前车窗开关，使其在"下"的位置时，电流方向如图 7-15 所示，使右前车窗向下运动。

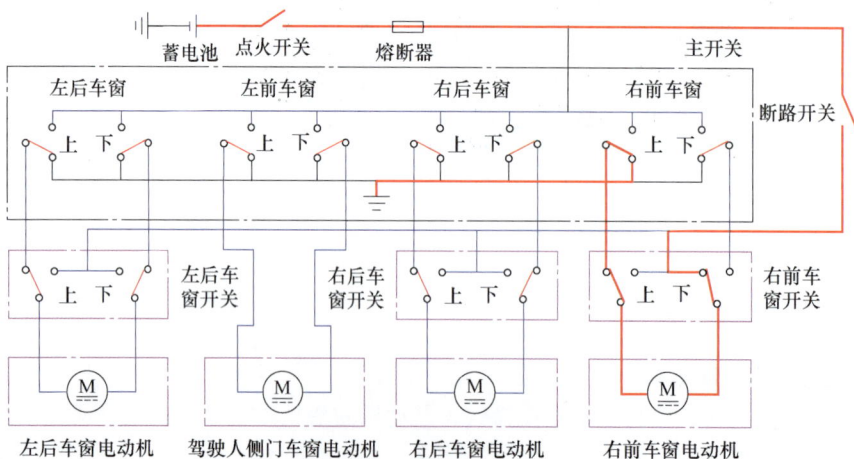

图 7-15　右前车窗开关控制右前车窗下降

2. 双绕组串励式电动机电动车窗

采用双绕组串励式电动机时，电动机一端直接搭铁，电动机有两组磁场绕组，通过接通不同的磁场绕组，使电动机的转向不同，实现车窗的升降，其控制电路图如图 7-16 所示。

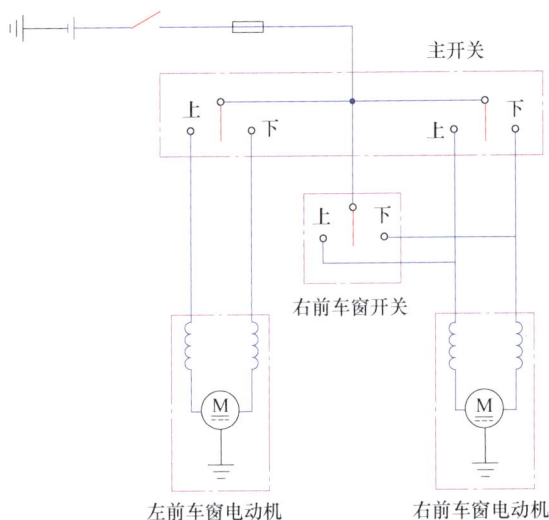

图 7-16　双绕组串励式电动机电动车窗控制原理简图

四、电动车窗常见故障的诊断与排除

电动车窗常见故障的诊断与排除见表 7-3。

表 7-3　电动车窗常见故障的诊断与排除

故障现象	故障原因	故障诊断与排除
所有车窗都不能升降	1）熔断器断路 2）连接导线断路 3）有关继电器、开关损坏 4）电动机损坏 5）搭铁点锈蚀、松动	首先检查熔断器是否断路；若熔断器良好，则应将点火开关接通，检查有关继电器和开关相线接线柱上的电压是否正常，电压为零，应检查电源电路；电压正常，则应检查搭铁线是否良好。搭铁不良时，应清洁、紧固搭铁线；若搭铁良好，应对继电器、开关和电动机进行检测
部分车窗不能升降或只能向一个方向运动	1）该车窗按键开关损坏 2）该车窗电动机损坏 3）连接导线断路 4）断路开关故障	如果车窗不能升降，首先检查断路开关是否工作，该车窗的按键开关工作是否正常，再通电检查该车窗的电动机正反转是否运转稳定。若有故障，应检修或更换新件；若正常，则应检修连接导线。如果车窗只能一个方向运动，一般是按键开关故障或部分电路断路或接错所致，可以先检查电路连接是否正常，再检修开关

职场健康与安全：

1）由于各种电动车窗系统的插头各不相同，所以在故障检测时为了避免不必要的部件更换，必须确保所测试插头的正确性。

2）当电动车窗出现故障时，后两车门开关可以互换使用，而右前车门车窗开关虽然端子相同，但不能互换使用，因右前车门车窗开关内还有中控门锁控制功能，如互换会出现中控门锁失灵。

第四课　中控门锁

一、中控门锁的作用

中央控制门锁系统简称为中控门锁，是为了使汽车的使用方便和安全，对四个车门的锁门和开门实行集中控制。其基本功能如下：

（1）中央控制　驾驶人锁住身边的车门时，其他车门也同时锁住，驾驶人通过门锁开关同时打开各车门，也可单独打开某个车门。

（2）速度控制　行车速度达到一定值时，各车门能自行锁定。

（3）单独控制　除驾驶人身边车门以外的其他车门，设置有单独的弹簧锁开关，可独立地控制一个车门的打开和锁住。

此外，中控门锁控制装置还与电子防盗系统联合工作，对车辆起防盗作用。

二、中控门锁的组成及种类

中控门锁主要由门锁开关、门锁执行机构和门锁控制器组成。中控门锁按控制方式可分为不带防盗系统的中控门锁和带防盗系统的中控门锁，按结构可分为直流电动机式、电磁式和双向空气压力泵式。

1. 门锁开关

大多数中控门锁的开关由总开关和分开关组成，如图7-17所示。总开关装在驾驶人身旁的车门上，总开关可将全车所有车门锁住或打开；分开关装在其他各车门上，可单独控制一个车门。

图7-17　总开关

2. 门锁执行机构

门锁执行机构受门锁控制器的控制，执行门锁的锁门和开门任务，主要有电磁式、直流电动机式和永磁电动机式三种结构。电磁式门锁执行机构如图7-18所示。当给锁门线圈通正向电流时，衔铁带动连杆左移，锁门；当给开门线圈通反向电流时，衔铁带动连杆右移，开门。

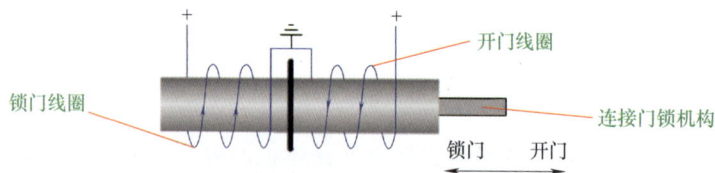

图7-18　电磁式门锁执行机构

电动机式自动门锁电路图如图7-19所示，它是利用电动机的正转和反转完成车门的锁门和开门任务的。驾驶人或乘客利用门锁开关可以接通或断开门锁继电器，门锁继电器包括锁门和开门两个继电器。

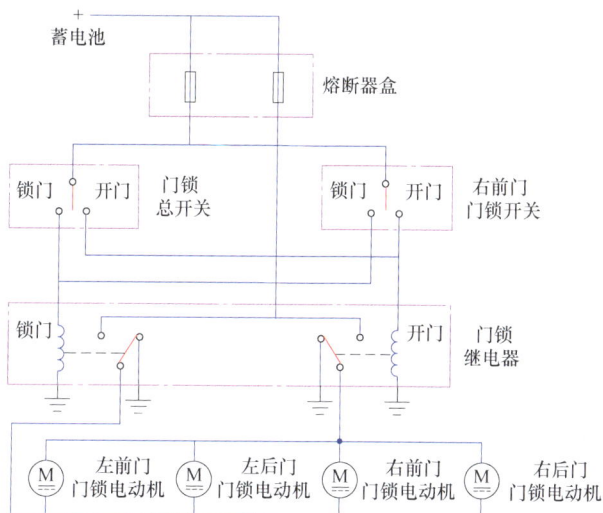

图 7-19　电动机式自动门锁电路图

驾驶人操作门锁总开关中的开门开关，实现四个车门全部开门，其电流方向如图 7-20 所示。

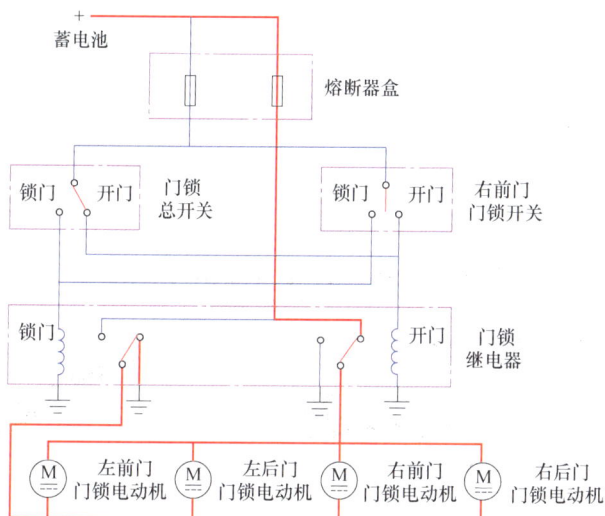

图 7-20　门锁总开关开门

3. 门锁控制器

为门锁执行机构提供锁/开脉冲电流的控制装置，具有控制执行机构通电电流方向的功能，同时为了缩短工作时间，具有定时的功能。按其控制原理大体可分为晶体管式、电容式和车速感应式三种。晶体管式是利用电容器的充放电过程控制一定的脉冲电流持续时间，使执行机构完成锁门和开门动作。电容式是利用电容充放电特性，使锁门或开门继电器线圈产生电磁力，接通执行机构电磁线圈，完成锁门或开门动作。车速感应式装有一个车速为 10km/h 的感应开关（车速表内），当车速大于 10km/h 时，若车门未上锁，则门锁控制器自动将门上锁。

三、遥控原理

中控门锁的无线遥控功能是指不用把钥匙键插入锁孔中就可以远距离开门和锁门，中控门锁遥控器如图 7-21 所示。基本原理是从车主身边发出微弱的电波，

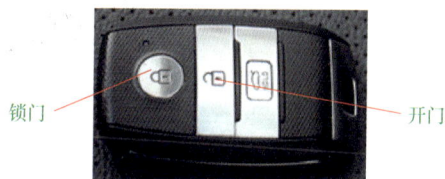

图 7-21　中控门锁遥控器

由汽车天线接收该电波的信号，经电子控制器电控单元识别信号代码，再由该系统的执行器（电动机或电磁线圈）执行启、闭锁的动作。

第五课　电动风窗刮水/洗涤装置

一、电动刮水器

1. 电动刮水器的作用

电动风窗玻璃刮水器的作用是保证驾驶人在雨天、雪天或雾天有良好的视线，它具有一个或两个以上的刮水片，由驱动装置带着来回摆动，除去风窗玻璃上的水、雪等，如图 7-22 所示。

图 7-22　电动刮水器

2. 电动刮水器的组成

电动刮水器的组成如图 7-23 所示，它主要由电动机、减速机构、自动停位器、联动机构、刮水臂和刮水片等组成，电动机广泛采用永磁式直流电动机，减速机构采用蜗轮蜗杆传动。自动复位触片安装在减速机构的端盖上，自动复位滑片嵌在减速蜗轮上。

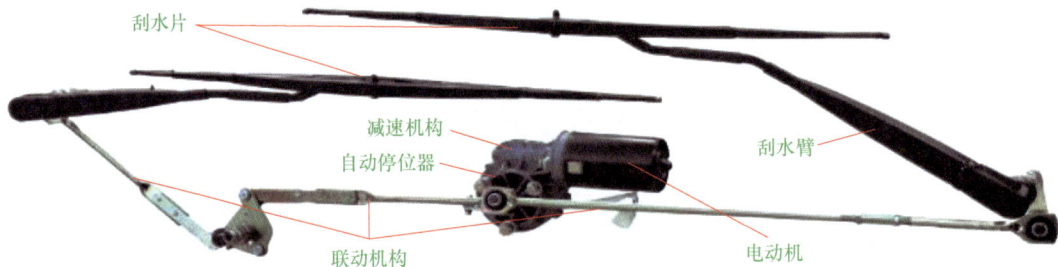

a) 电动刮水器的总成

b) 减速机构和自动停位器

图 7-23　电动刮水器的组成

3. 电动刮水器的工作原理

常见的电动刮水器控制系统电路示意图如图 7-24 所示。

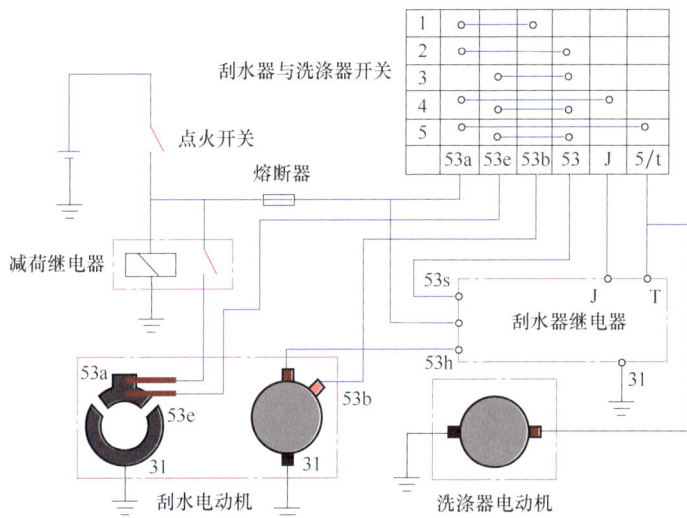

图 7-24　常见的电动刮水器控制系统电路示意图

（1）**高速刮水**　刮水器与洗涤器开关拨到 1 档时，刮水器高速工作，电路为：蓄电池正极→点火开关→熔断器→刮水器与洗涤器开关"53a"端子→刮水器与洗涤器开关 1 档→刮水器与洗涤器开关"53b"端子→刮水电动机"53b"端子→刮水电动机→刮水电动机"31"端子→搭铁。此时，电动机内的电流流过电动机偏置电刷，电动机以高速运转。

（2）**低速刮水**　刮水器与洗涤器开关拨到 2 档时，刮水器低速工作，电路为：蓄电池正极→点火开关→熔断器→刮水器与洗涤器开关"53a"端子→刮水器与洗涤器开关 2 档→刮水器与洗涤器开关"53"端子→刮水器继电器"53s"端子→刮水器继电器→刮水器继电器"53h"端子→刮水电动机→刮水电动机"31"端子→搭铁。此时，电动机内的电流通过电动机正对电刷，电动机以低速运转。

永磁式电动机采用三刷式结构来改变工作速度，其原理是利用三个电刷改变正负电刷之间串联的电枢线圈个数实现变速。三刷电动机变速原理图如图 7-25 所示。当刮水器开关拨至低速档时，电源电压加在"+"与"−"电刷之间，使其内部形成两条对称的并联支路，一条支路由线圈 1、2、3、4 串联组成，另一条支路由线圈 5、6、7、8 串联组成，各线圈反向电动势方向如图 7-25 所示。由于各线圈反向电动势方向相同，互相叠加，相当于四对线圈串联，电动机以较低转速稳定旋转。当刮水器开关拨至高速档时，电源电压加在"−"电刷与偏置电刷之间，从图中可以看出电枢绕组的一条支路由五个线圈 1、2、3、4、8 串联，另一条支路由三个线圈 5、6、7 串联，其中，线圈 8 与线圈 1、2、3、4 的反电动势方向相反，互相抵消后，相当于只有三对线圈串联，因而只有转速升高，才能使反电动势达到与运转阻力矩相应的值，形成新的平衡，所以此时转速较高。

（3）**点动刮水**　刮水器与洗涤器开关 3 档为空档，刮水器处于停止工作状态。当驾驶人按下开关手柄时，刮水器工作情况与手柄在 2 档时相同，当放开手柄时，开关自动回到空档，实现点动刮水。

（4）**间歇刮水**　刮水器与洗涤器开关拨到 4 档时，刮水器间歇刮水（每 6s 工作一次），电路为：蓄电池正极→点火开关→熔断器→刮水器与洗涤器开关"53a"端子→刮水器与洗涤器开关 4 档→刮水器与洗涤器开关"J"端子→刮水器继电器"J"端子→继电器内部电路→继电器"31"端子→搭铁。

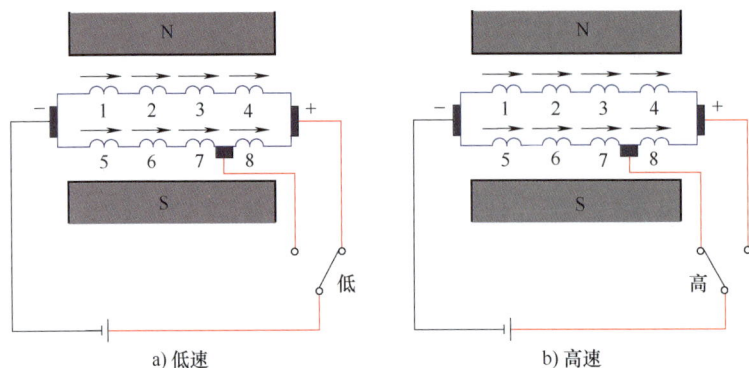

图 7-25 三刷电动机变速原理图

刮水器继电器通电后，内部间歇刮水控制电路工作，其触点每 6s 将"53h"端子通电一次，使刮水电动机工作。

（5）清洗玻璃 刮水器与洗涤器开关拨到 5 档时，洗涤器电动机通电，电路为：蓄电池正极→点火开关→熔断器→刮水器与洗涤器开关"53a"端子→刮水器与洗涤器开关 5 档→刮水器与洗涤器开关"5/t"端子→洗涤器电动机→搭铁。此时，洗涤器液泵喷洒洗涤液，刮水器同时工作，如放松开关，洗涤器液泵停止喷水，刮水器复位，停止工作。

（6）停机复位 在刮水电动机上设有一个自动复位开关，用以保证刮水器停机时，刮水片复位回到风窗玻璃下沿位置。只有在刮水片回到风窗玻璃下沿时，刮水电动机才能停转，否则自动复位开关的触点"53a"和"53e"接通，电动机通电继续转动，直到刮水片复位。

当点火开关接通，减荷继电器线圈通电，电路为：蓄电池正极→点火开关→减荷继电器线圈→搭铁。减荷继电器线圈通电后，减荷继电器触点闭合，刮水器的复位电路接通，电路为：蓄电池正极→点火开关→减荷继电器触点→刮水电动机"53a""53e"→刮水器与洗涤器开关"53e""53"端子→刮水器继电器"53s"端子→刮水器继电器→刮水器继电器"53h"端子→刮水电动机→刮水电动机"31"端子→搭铁。当刮水电动机转到复位开关的触点"53e"与"31"（搭铁）接通后，电动机电路被切断，停止转动，此时刮水片回到风窗玻璃下沿位置。

4. 电动刮水器的故障诊断与排除

电动刮水器的故障诊断与排除见表 7-4。

表 7-4 电动刮水器的故障诊断与排除

故障现象	故障原因	故障诊断与排除
刮水器各档位都不工作	1）熔断器断路 2）刮水电动机或开关有故障 3）机械传动部分故障 4）电路断路或插接件松脱	首先检查熔断器，应无断路或松脱；然后检查刮水电动机及开关的电源线和搭铁线，应接触良好，没有断路；再检查开关各接线柱在相应档位能否正常接通；最后检查电动机和机械部分连接情况
个别档位不工作	1）刮水电动机或开关有故障 2）间歇继电器有故障 3）连接电路断路或插接件松脱	首先检查对应故障档位的电路是否正常，再检查开关接线柱在相应档位能否正常接通，最后检查电动机电刷是否个别接触不良
刮水片不能复位	1）刮水电动机自动复位机构损坏 2）刮水器开关损坏 3）刮水臂调整不当 4）电路连接错误	首先检查刮水臂的安装及刮水器开关电路连接是否正确，再检查刮水器开关在相应档位的接线柱能否正常接通，最后检查电动机自动停位机构触点能否正常闭合和接触良好

职场健康与安全：

1）为了保证刮水片的正确复位，在安装刮水臂时应注意装配位置。

2）更换刮水片时，需成对更换，这样有利于实现刮水片的同步磨损和视野清晰高度一致。不可用汽油清洗和浸泡刮水片，否则会引起刮水片变形，影响其工作效能。

二、风窗洗涤装置

1. 风窗洗涤装置的作用

风窗洗涤装置的作用是向风窗玻璃上喷射洗涤液，与刮水器配合，以除去风窗玻璃上的灰尘和脏物。

2. 风窗洗涤装置的组成

风窗洗涤装置主要由储液罐、洗涤泵、输液管、喷嘴和洗涤开关等组成，如图 7-26 所示。洗涤泵一般由永磁直流电动机和离心式叶片泵组成。洗涤泵一般直接安装在储液罐上，也有的安装在管路中。喷嘴通常安装在风窗玻璃下面的前围板上或发动机舱盖上。

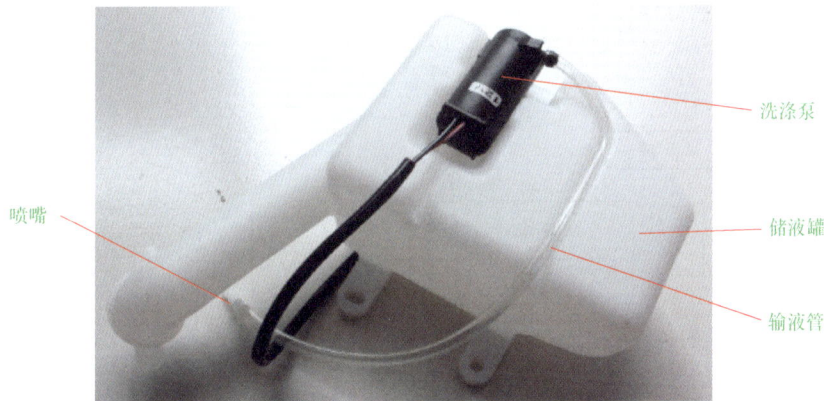

图 7-26　风窗洗涤装置的组成

3. 风窗洗涤装置的原理

风窗洗涤装置电路比较简单，如图 7-24 所示，一般和电动刮水器共用一个熔断器。有的车洗涤开关单独设置安装，有的则和刮水器开关组合在一起，便于操作。当洗涤开关接通时，洗涤电动机带动液压泵转动，将洗涤液加压，通过输液管和喷嘴喷洒到风窗玻璃表面。有的车型在洗涤开关接通时同时使刮水器低速运行，改善洗涤效果。

4. 风窗洗涤装置的故障诊断与排除

风窗洗涤装置的故障诊断与排除见表 7-5。

表 7-5　风窗洗涤装置的故障诊断与排除

故障现象	故障原因	故障诊断与排除
所有的喷嘴都不工作	1）洗涤电动机或开关损坏 2）电路断路 3）洗涤液液面过低或连接管脱落	先检查洗涤液液面和连接管是否正常，然后检查洗涤电动机搭铁线和电源线有无断路、松脱，开关和电动机是否正常
个别喷嘴不工作	喷嘴堵塞	检查喷嘴

> **职场健康与安全：**
>
> 　　洗涤器的操作每次不得超过 15s。当储液罐中无洗涤液时，禁止操作洗涤器；在冬季或结冰的天气使用刮水器之前，应先确认刮水片是否冻结在玻璃上；在寒冷地区，应使用防冻的风窗玻璃洗涤液。

第六课　电子防盗系统与钥匙匹配

一、电子防盗系统

1. 电子防盗系统的作用

当有人以非正常的方法接触车辆或擅自打开任何一个车门时，电子防盗系统会立即发出声光警报信号，并且还可能使发动机起动时自行熄火或无法起动，以达到防盗的目的。

2. 电子防盗系统的组成

汽车电子防盗系统是在原有中控门锁的基础上加设了防盗系统的控制电路，以控制汽车移动的同时并报警。汽车电子防盗系统由发动机控制单元（ECU）、防盗控制 ECU、收发器、发送器和诊断器组成，如图 7-27 所示。

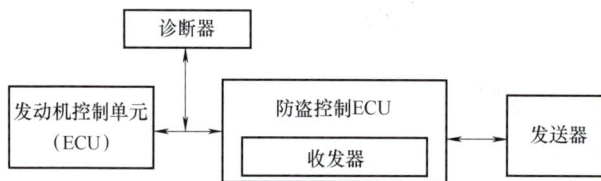

图 7-27　电子防盗系统的组成

3. 电子防盗系统的基本工作原理

当用钥匙或遥控器锁好所有的车门时，电子防盗系统进行自检，然后指示器断续闪光，表示系统已经处于监视状态，车门不能用门锁控制开关打开，行李舱门不能用行李舱门开启器开关打开，发动机舱盖也无法正常打开。此后，只有遥控器发出的开门信号被系统电控单元接收到或合法钥匙插入锁孔开关，才能使系统电控单元解除监视状态，正常打开车门。若不是通过上述手段开启车门或行李舱门，则系统电控单元根据各种开关信号判定为非法开启，于是接通喇叭电路和各种警告灯开关继电器进行警报。

内部含有集成电路的智能钥匙，通过电子应答来判断使用的钥匙是否合法，并以此确定是否允许发动机电控单元工作。通过编程学习，车辆的每一把钥匙均含有特定的信息，这些信息被储存在防盗电控单元中。当启动防盗系统后，所有车门被锁住，此时若用不含相应信息的钥匙开启车门或起动发动机，防盗系统则判定为非法进入，同时使发动机不工作或控制喷油器不喷油或点火系统不点火。

完成下述任一项操作，即可使防盗系统退出监视状态、指示灯熄灭：

① 用合法点火钥匙打开左侧或右侧前门。

② 将合法点火钥匙插入点火锁芯，并将其转至 ACC 或 ON 位置。

③ 用合法点火钥匙打开行李舱门可以临时解除监视，在行李舱门关闭一段时间（约 20s）后，防盗系统重新启动。

4. 电子防盗系统常见故障的诊断与排除

电子防盗系统常见故障的诊断与排除见表 7-6。

表 7-6　电子防盗系统常见故障的诊断与排除

故障现象	故障原因	故障诊断与排除
系统不能设定	1）传感器故障 2）控制电路连接不良 3）执行机构和微机控制单元有故障	首先检查各门控开关、门锁电机位置开关等与设定功能有关的传感器及其电路，然后检查微机控制单元及其配线
警报装置工作不正常		首先检查灯光、喇叭等执行机构的熔断器、电路是否正常，然后检查执行机构有无故障，最后检查微机控制单元及其配线
防盗功能不能正常清除		首先检查各门控开关是否正常，然后检查点火开关及其电路，最后检查微机控制单元及其配线

职场健康与安全：

　　防盗系统设定需要关闭所有车门，关闭发动机舱盖和行李舱门，从点火开关锁芯中拔出点火钥匙。

二、钥匙匹配

1. 钥匙匹配的类型

钥匙匹配过程又叫作钥匙学习过程，有两种类型：一种是生产线使用，另一种是售后维修使用。

2. 钥匙匹配（售后维修）

具有遥控发射器芯片的钥匙如图 7-28 所示，它由一个微电磁线圈和运算电子芯片（收发器）、遥控门锁发射器以及齿形锁杆组成。电子芯片内储存与防盗控制模块内一致的信息识别密码。如果更换了防盗控制模块或发动机控制模块，需要对系统进行重新编程，若需增加汽车钥匙，应对新钥匙进行编程，即完成匹配过程。防盗系统部件的编程匹配需要通过汽车诊断仪来完成，诊断仪通过防盗系统诊断通信接口（OBD——汽车在线诊断系统）进行操作。

图 7-28　具有遥控发射器芯片的钥匙

第七课　汽车空调系统

一、汽车空调系统的作用

汽车空调系统是实现对车厢内空气进行制冷、加热、换气和空气净化的装置，其效果图如图 7-29

所示。它可以为乘车人员提供舒适的乘车环境，降低驾驶人的疲劳强度，提高行车安全。空调装置已成为衡量汽车功能是否齐全的标志之一。

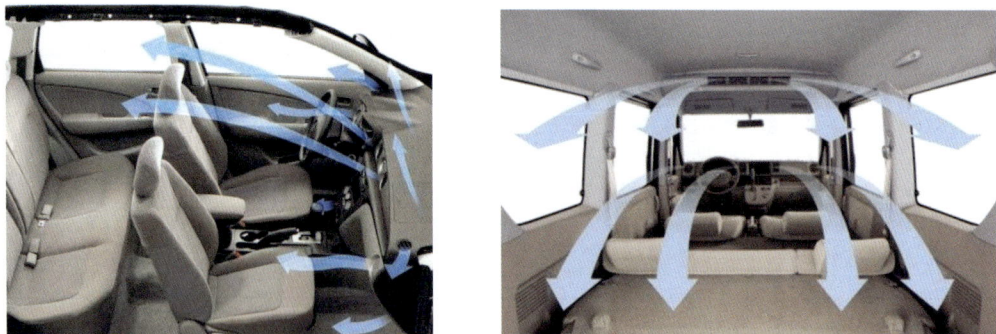

图 7-29　汽车空调效果图

二、汽车空调系统的组成

汽车空调系统由制冷系统、供暖系统、通风和空气净化装置及控制系统组成。

1. 制冷系统

制冷系统主要用于对车内的空气或由外部进入车室内的新鲜空气进行冷却或除湿，使车室内的空气变得凉爽舒适。制冷系统部件及在车上的位置如图 7-30 所示。制冷系统由压缩机、冷凝器、储液干燥器、膨胀阀和蒸发器等总成组成，各总成通过管路形成一个密封的系统。制冷系统由汽车发动机提供动力，发动机通过传动带使压缩机转动。

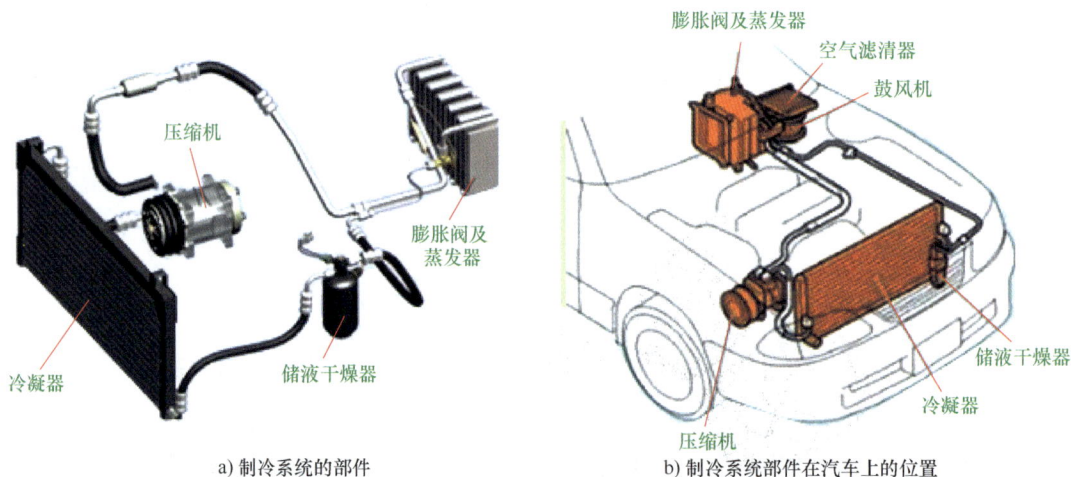

a) 制冷系统的部件　　　　　　　b) 制冷系统部件在汽车上的位置

图 7-30　制冷系统部件及在车上的位置

（1）**压缩机**　压缩机是制冷系统的心脏，它由发动机通过驱动带和电磁离合器来驱动，如图 7-31 所示。制冷系统通过采集蒸发器出风口的温度，当温度达到设定的温度，压缩机电磁离合器松开，压缩机停止工作；当温度升高后，电磁离合器接合，压缩机开始工作。压缩机的作用是将从蒸发器吸入的低温低压的制冷剂气体压缩成高温高压的气体。

（2）**冷凝器**　冷凝器是一种热交换器，一般安装在车辆前部，它的作用是将从压缩机来的高温高压的气态制冷剂变成液态。

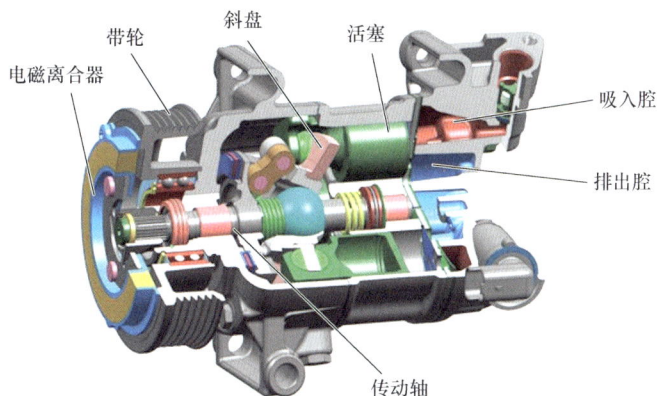

图 7-31　压缩机

（3）**储液干燥器**　储液干燥器的作用是临时储存从冷凝器流出的液态制冷剂，滤除杂质、吸收水分，以防止制冷系统的管路脏堵和冰塞。

（4）**膨胀阀**　膨胀阀也称为节流阀，是组成汽车空调制冷系统的主要部件，它安装在蒸发器的入口处，是汽车空调制冷系统的高压与低压的分界点。膨胀阀的作用是把来自储液干燥器的高压液态制冷剂节流减压，调节和控制进入蒸发器中的液态制冷剂量，使之适应制冷负荷的变化。

（5）**蒸发器**　蒸发器和冷凝器一样，也是一种热交换器，是制冷循环中获得冷气的直接器件。蒸发器的作用是将来自膨胀阀的低温低压液态制冷剂在其管道中蒸发，使蒸发器和周围空气的温度降低，同时对空气起除湿作用。

2. 供暖系统

供暖系统主要用于取暖，通过对车室内的空气或由外部进入车室内的新鲜空气进行加热，达到取暖和除湿的目的。供暖是利用汽车自身的热循环产生的，不需要压缩机工作。供暖系统由加热装置和鼓风机组成，一般利用发动机冷却系统循环热水加热。工作时鼓风机将热交换器周围的热空气通过通风和空气净化装置送入车室内，如图 7-32 所示。

3. 通风和空气净化装置

通风和空气净化装置主要用于将冷气或暖气进行调节，并送至车厢内所需位置，同时对车厢内空气进行过滤净化。通风和空气净化装置由电动鼓风机、送风管路、温度及出风位置控制（各风门控制）机构、内外循环（进气风门）控制机构、出风口调节格栅和空气花粉滤清器等组成，如图 7-33 所示。

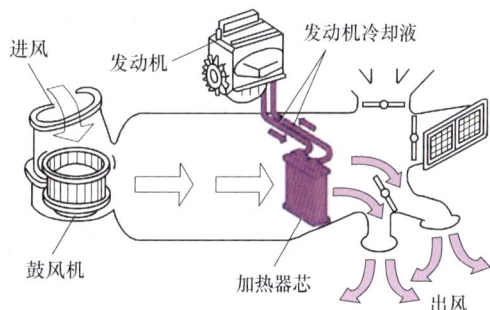

图 7-32　利用冷却系统循环热水加热的供暖系统

4. 控制系统

控制系统用于对制冷系统和供暖系统的温度、压力进行控制，同时对车室内空气的温度、风量和流向进行控制，完善了空调系统的正常工作。空调控制面板是使用者通过其控制空调操纵机构及控制系统实现空调各种功能的面板，常见的空调控制面板如图 7-34 所示。外循环的作用是补充新鲜空气，而内循环就是汽车空调系统以车厢内的空气进行冷却循环，作用是及时有效地阻止外部的灰尘和有害气体进入车内，如行驶中通过烟雾、扬尘、异味区域或车辆密集紧凑行驶时，阻挡前车排出的有害尾气。

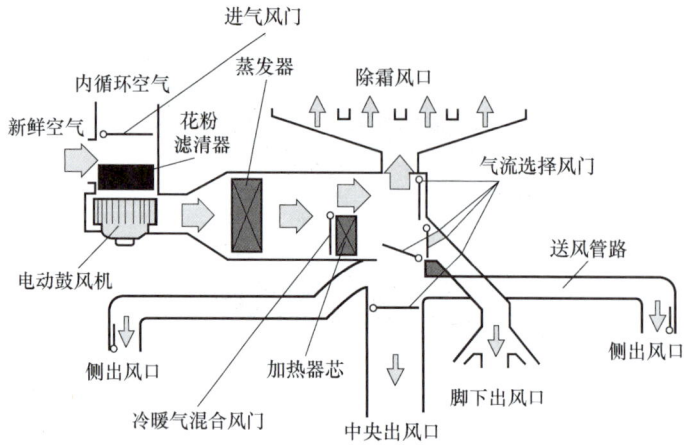

图7-33　通风和空气净化装置

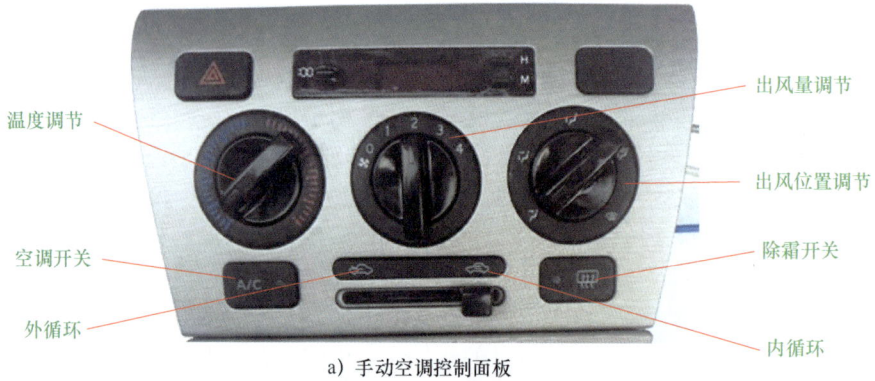

a）手动空调控制面板

b）自动空调控制面板

图7-34　常见的空调控制面板

职场健康与安全：

　　内循环的时候鼓风机进风口关闭，同时车厢尾部的排风口也会关闭。由于与外界隔离，空气中的氧气含量会随着车厢内人员的呼吸逐渐降低，所以汽车内循环不可以长时间开启。如果选择的是手动模式，就需要定期开启外循环，以更新车厢内的空气。

三、制冷系统的工作过程

1. 制冷剂

制冷剂又称为冷媒，是在制冷系统中用于热量交换并循环流动的物质。应用于汽车上的制冷剂有 R12 和 R134a 两种，如图 7-35 所示。R12 遇极冷和强光会分解，释放出氟，所以对臭氧层有破坏作用，基本已被淘汰。由于汽车制冷系统不是全封闭的（通过管路接头连接），所以存在渗漏的可能性，又由于维修时的排放以及交通事故等因素，均可能导致制冷剂泄漏，因此制冷剂必须是无毒、阻燃和环保的，R134a 具有以上优点且价格便宜，因此是当前世界绝大多数国家认可并推荐使用的汽车空调制冷剂。

2. 冷冻机油

冷冻机油是一种能与制冷剂相溶，并能够对压缩机和膨胀阀的运动部件起润滑作用且化学性质稳定的液体润滑剂。冷冻

图 7-35　汽车用制冷剂

机油的加注量有严格的规定，加注量过多，会导致滞留能力下降；加注量过少，则会损坏压缩机。添加冷冻机油有以下两种方法：

1）直接加入法。将冷冻机油按标准称量好，直接倒入压缩机内，这种方法只在更换蒸发器、冷凝器和储液干燥器时可采用。

2）真空吸入法。添加冷冻机油可在抽真空后从低压侧加注。加注完毕后，要对制冷系统继续进行抽真空，再加注制冷剂。

3. 制冷系统的工作过程

制冷系统的工作过程图如图 7-36 所示。

（1）**压缩过程**　压缩机将从蒸发器吸入的低温低压的制冷剂气体，压缩成高温高压的气体并排出压缩机。

（2）**放热过程**　高温高压的过热制冷剂气体进入冷凝器，由于压力及温度的降低，制冷剂气体冷凝成液体，并放出大量的热量。

（3）**节流过程**　温度和压力较高的制冷剂液体通过膨胀装置后体积变大，压力和温度急剧下降，以雾状（细小液滴）排出膨胀装置。

（4）**吸热过程**　雾状的制冷剂液体进入蒸发器，此时，制冷剂的沸点远低

图 7-36　制冷系统的工作过程图

于蒸发器内的温度，所以制冷剂液体蒸发成气体。在蒸发过程中大量吸收周围的热量后，低温低压的制冷剂蒸气又回到压缩机。

这样，制冷剂在系统中经过压缩、放热、节流和吸热四个基本过程完成一个制冷循环。

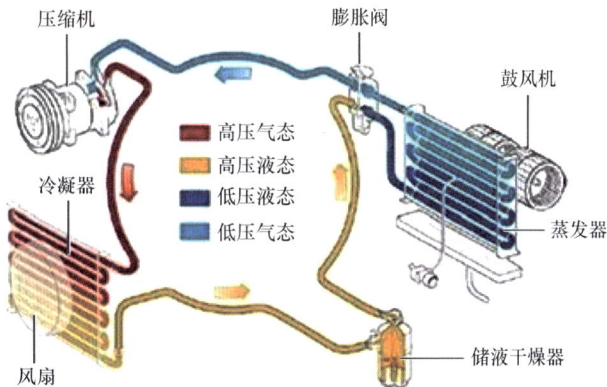

四、空调制冷系统的维护

1. 空调制冷系统维护设备

（1）**歧管压力表**　歧管压力表如图 7-37a 所示。低压表及软管是蓝色的，其接头与系统低压检

修阀相连；高压表及软管是红色的，其接头与系统高压检修阀相连；中间软管是黄色的，与真空泵或制冷剂罐相连。通过两个手动阀和三根软管的组合作用，使歧管压力表具有四种功能。低压表既用于显示压力，也用于显示真空度，真空度的读数范围为 0～-100kPa；压力刻度从 0 开始，量程不小于 420kPa。高压表的压力刻度从 0 开始，量程不小于 2110kPa。

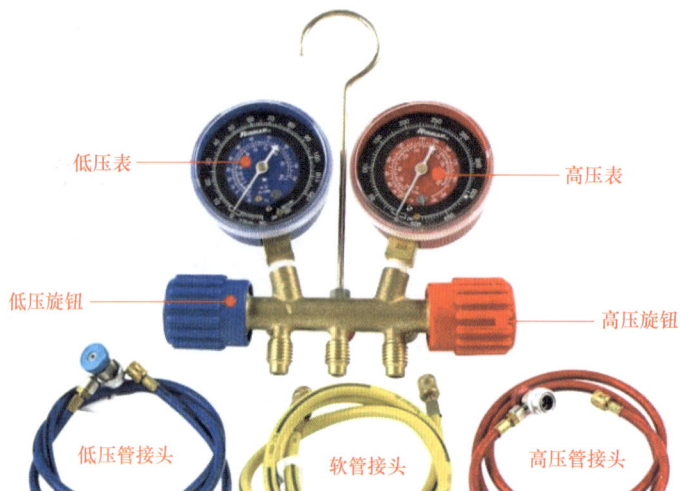

低压表　　　　　高压表

低压旋钮　　　　高压旋钮

低压管接头　　软管接头　　高压管接头

a）歧管压力表

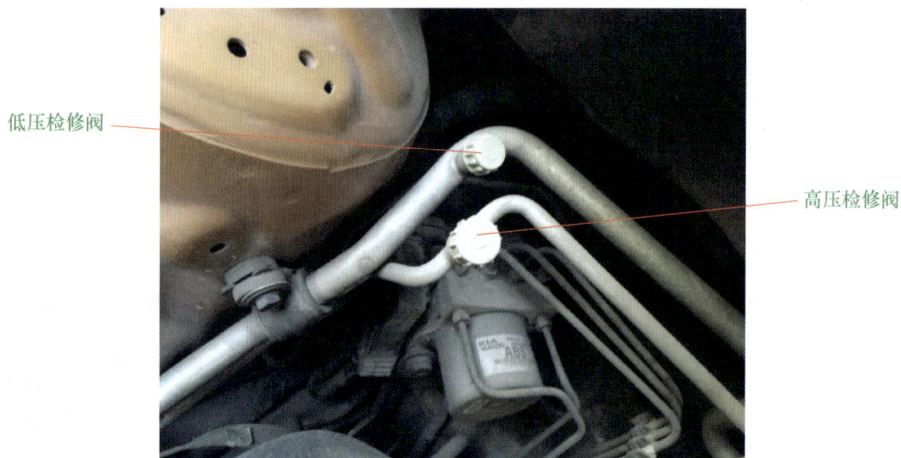

低压检修阀　　　　　　　高压检修阀

b）检修阀

图 7-37　歧管压力表和检修阀

（2）真空泵　真空泵用于制冷系统抽真空，如图 7-38 所示。抽真空作业时需将真空泵的接头与歧管压力表的中间软管相连。真空是指在给定的空间内低于一个标准大气压的气体状态，真空度是指空间所具有的气体压力与标准大气压力的差值。制冷系统在加注制冷剂前，必须排除系统内的空气和水分，即抽真空。

（3）检漏仪　由于汽车制冷系统不是全封闭的，所以存在渗漏的可能性。如果制冷剂渗漏，将造成制冷性能下降。制冷系统的检漏方法有观察法、肥皂泡法、染料法、卤素灯法和电子检漏仪检漏等。其中，用电子检漏仪检漏是最好的检漏方法。电子检漏仪可以检测微量泄漏和不易检测的部位，它主要由功能选择键、传感器（探头）、可视渗漏指示和内置电源（电池）等组成，如图 7-39 所示。

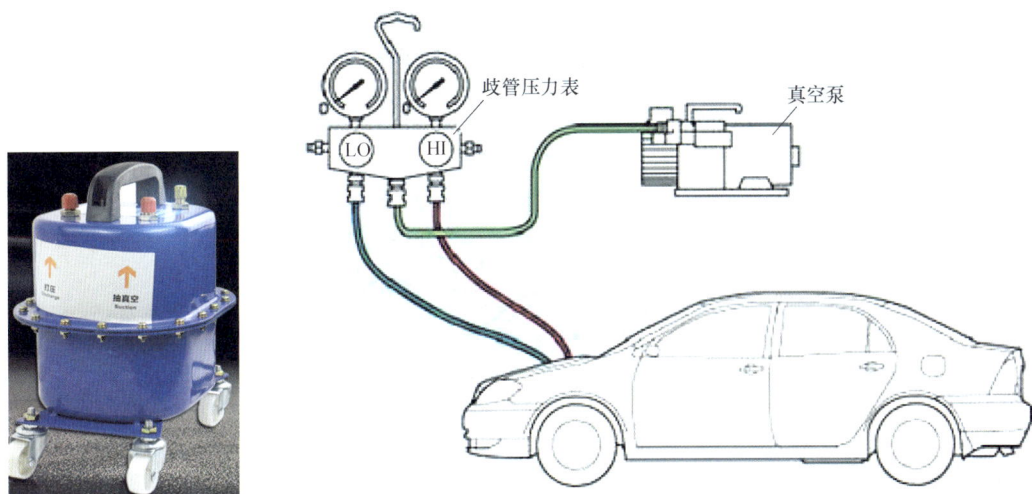

图 7-38 真空泵

2. 空调制冷系统维护作业内容

（1）制冷剂量的检查 汽车空调系统由于结构上的差异，制冷剂量的检查方法也就不同。

1）通过储液干燥器视液镜进行检查。车门全开，发动机转速在 1500r/min 以上，温度控制开关置于最冷位置，鼓风机风速最大。查看储液干燥器视液镜中制冷剂的流动状况，如图 7-40 所示。若流动的制冷剂中央有气泡，则说明系统内制冷剂不足；如果视液镜几乎透明，在发动机转速变化时才产生气泡，说明制冷剂适量；若流动的制冷剂呈雾状，且水分指示器呈淡红色，则说明制冷剂中含水量偏高。

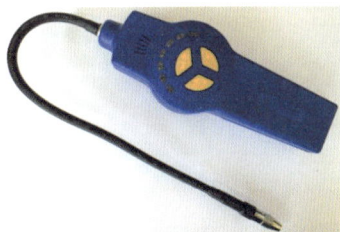

图 7-39 电子检漏仪

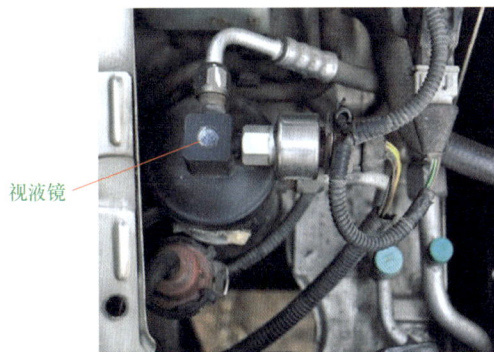

图 7-40 储液干燥器视液镜

2）通过检测制冷系统压力进行检查。用歧管压力表检查制冷系统压力的大小，其值应在维修手册规定的范围内。

（2）制冷剂泄漏的检查

1）使用歧管压力表确认空调制冷系统压力大于 350kPa，再运行空调系统。

2）系统压力检测后取下接头。

3）用电子检漏仪的探头接触到实测物体。

4）按规定的方法对空调制冷系统指定部位进行两次检漏。

（3）制冷剂回收

1）连接管路并起动发动机运行空调3min。

2）利用双管路方式进行制冷剂回收作业。

3）记录制冷剂和冷冻机油的回收量。

4）制冷剂回收后记录空调系统压力。

（4）抽真空

1）关闭点火开关，拔下压缩机上的电源插头。

2）将歧管压力表的高、低压软管分别与制冷管路上的高、低压检修阀相连，中间软管与真空泵相接。

3）起动真空泵，缓慢打开高、低压表两侧的手动阀。

4）开始抽真空，使低压表指示的真空度达到-100kPa，抽真空时间为5~10min。

5）当低压表指示的真空度达到-100kPa后，关闭高、低压表的手动阀，静置5min后，观察压力表的指示情况。若真空度下降，说明系统泄漏，应该查找漏点并维修。若系统不漏，再打开高、低压表的手动阀，继续抽真空15~20min。

6）关闭高、低压表的手动阀，再关闭真空泵。

（5）制冷剂加注　制冷剂加注在抽真空之后进行，具体的加注步骤如下：

1）确认制冷系统没有泄漏，此时将注入阀连接到制冷剂罐上。

2）将歧管压力表的中间软管连接到注入阀的连接头上，然后沿顺时针方向拧紧注入阀的手柄，使注入阀的阀针在制冷剂罐上顶开一个小孔。

3）拧松高压表一侧的手动阀，将制冷剂罐倒立，使制冷剂以液态形式注入制冷系统。

4）当制冷剂罐加注速度减缓后，可关闭高压表一侧的手动阀，开启低压表一侧的手动阀，将制冷剂罐正立，起动发动机并使压缩机怠速运转，让气态的制冷剂从低压表一侧吸入压缩机。此时通过开关低压阀门，控制低压表的指示值在250kPa以下。

5）向制冷系统注入定量的制冷剂后，车门全开，设最大强冷风速、外循环，发动机转速在1500~2000r/min范围内，进行制冷性能的判定。

6）按以下方法拆下歧管压力表：关闭高、低压表两侧的手动阀，关闭制冷剂罐上的注入阀，先拆下低压维修阀软管，使发动机停止工作，断开空调系统开关，待高压侧压力下降后，方可从高压维修阀上拆下高压软管。

空调制冷系统一个完整的维护作业步骤是：制冷剂泄漏检查→制冷剂回收→初次抽真空及保压1min→加注冷冻机油→再次抽真空→定量加注制冷剂→空调性能检测。

> **职场健康与安全：**
>
> 1）维修空调系统或补充制冷剂时应戴上防护眼镜。
>
> 2）应在通风良好的地方维修汽车空调制冷系统。
>
> 3）禁止在空调维修现场进行焊接操作或吸烟。
>
> 4）在加注制冷剂R134a时，需要遮住维修车辆的车身表面。

（6）汽车空调滤清器的更换　汽车空调滤清器正常情况下10000km或者一年左右需要更换一次，更换步骤如下：

1）打开杂物箱，手指扣开两边卡扣，如图7-41所示。

2）往上掀起可以将卡扣取出。

3）放倒杂物箱能看到一块黑色的盖板，按动两侧的卡扣，取下盖板就看到空调滤清器。

4）取出旧的空调滤清器换上新的即可。

图 7-41　打开杂物箱，手指扣开两边卡扣

职场健康与安全：
　　安装新的空调滤清器，注意空调滤清器有正反面，不要装错。

五、空调系统常见故障的诊断与排除

1. 用歧管压力表检测空调制冷系统故障

用歧管压力表检测空调制冷系统故障情况如下：

（1）**正常状态**　正常状态，高压表显示 8~22.5bar（1bar = 101kPa），低压表显示 1.5~2.5bar，如图 7-42 所示。

（2）**制冷剂不足**　制冷剂不足，低压表显示压力低，高压表显示压力低，如图 7-43 所示。

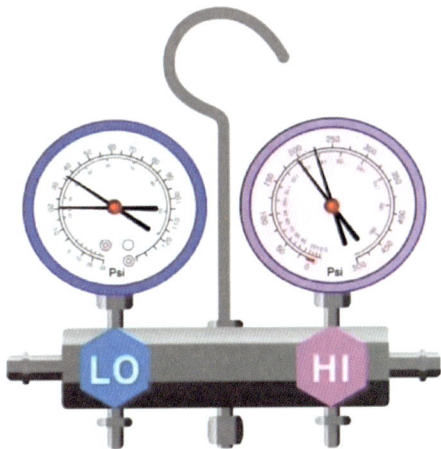

图 7-42　正常状态

图 7-43　制冷剂不足

（3）**制冷系统中存在湿气**　制冷系统中存在湿气，低压表显示有时正常，有时真空；高压表显示有时正常，有时低，如图 7-44 所示。

（4）**制冷系统中存在空气** 制冷系统中存在空气，低压表显示压力高，高压表显示压力高，如图7-45所示。

图7-44 制冷系统中存在湿气

图7-45 制冷系统中存在空气

（5）**储液干燥器堵塞** 储液干燥器堵塞，低压表显示压力低，高压表显示压力低，如图7-46所示。

（6）**膨胀阀卡滞在关闭状态** 膨胀阀卡滞在关闭状态，低压表显示压力低至真空，高压表显示压力低，如图7-47所示。

图7-46 储液干燥器堵塞

图7-47 膨胀阀卡滞在关闭状态

（7）**膨胀阀卡滞在打开状态** 膨胀阀卡滞在打开状态，低压表显示压力高，高压表显示压力高，如图7-48所示。

（8）**冷凝器故障或超载** 冷凝器故障或超载，低压表显示压力高，高压表显示压力高，如图7-49所示。

图7-48 膨胀阀卡滞在打开状态

图7-49 冷凝器故障或超载

（9）**压缩机故障** 压缩机故障，低压表显示压力高，高压表显示压力低，如图7-50所示。

2. 空调系统常见故障的诊断与排除

空调系统常见故障的诊断与排除见表7-7。

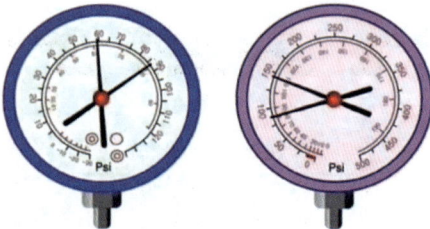

图7-50 压缩机故障

表 7-7　空调系统常见故障的诊断与排除

故障现象	故障原因	故障诊断与排除
不制冷	1）压缩机驱动带过松 2）电磁离合器及控制开关损坏 3）制冷剂过多或过少，制冷回路泄漏或堵塞 4）压缩机损坏 5）膨胀阀损坏 6）空调继电器损坏 7）电路故障	在压缩机驱动带张紧力和制冷剂量正常的情况下，检查电磁离合器。若电磁离合器工作正常，则检查压缩机和膨胀阀的工作状况；若电磁离合器不吸合，则检查电磁离合器控制开关、电磁离合器、空调继电器以及电路
制冷不足	1）压缩机驱动带过松，电磁离合器打滑 2）制冷剂不足或过多，系统有空气 3）压缩机损坏，内部有泄漏 4）冷凝器脏污 5）冷凝器气流不畅 6）蒸发器表面脏污	在压缩机驱动带张紧力正常的情况下，检查制冷剂量。若制冷剂量不足，则按规定重新加注；若制冷剂量正常，则检查电磁离合器的工作状况、冷凝器的散热情况及蒸发器状况
无暖风或暖风不足	1）加热器芯堵塞 2）空调进气滤清器堵塞 3）温度风门工作失灵 4）发动机节温器损坏	在进气滤清器良好的情况下，检查暖风加热器进水管与回水管的温度。若回水管的温度较低，进水管的温度较高，则是暖风加热器芯堵塞；若进水管温度较低，则检查发动机的节温器和暖风水阀是否开启；若回水管温度较高，则检查温度风门位置状况、空调器壳体是否损坏

任务实施

任务一　拆装电动座椅并检修

1. 任务目的描述

1）能从全车电路图中识读出电动座椅电路。

2）能拆装电动座椅并检修排除故障。

3）能积极主动参与任务，能与小组成员团结协作，能执行实训室"6S"规定。

2. 任务准备

1）知识准备：完成第一课电动座椅的学习。

2）设备准备：汽车、汽车电气设备拆装工量具、演示课件（或操作视频）。

3. 任务步骤

1）老师演示或播放视频：拆装电动座椅并检修。

2）学生练习拆装电动座椅并检修（或老师演示时同步练习），同时完成《汽车电气设备构造与维修工作页》相应部分内容的填写。

4. 任务评价

任务评价内容及标准见表 7-8。

表 7-8　任务评价内容及标准

序号	项目	操作内容	分值	评分标准	得分
1	准备	清点工量具、清理工位	5分	酌情扣分	
2	拆卸	拆卸电动座椅	20分	操作不当扣1~20分	
3	检测	检测电动座椅各部件	20分	操作不当扣1~20分	
4	更换安装	更换新部件并安装	20分	操作不当扣1~20分	
5	检测	通电检查故障是否排除	10分	操作不当扣1~10分	
6	完成时间	80min	10分	超时1~5min扣1~5分 超时5min以上扣10分	
7	安全文明	无安全隐患，无不文明操作	5分	未达标扣1~5分	
8	结束	工量具清洁归位	5分	漏一项扣1分，未做扣5分	
		工作场地清洁	5分	清洁不彻底扣1~5分，未做扣5分	
		总分	100分		

任务二　拆装电动车外后视镜并检修

1. 任务目的描述

1）能从全车电路图中识读出电动车外后视镜电路。

2）能完成电动车外后视镜的拆装并检修排除故障。

3）能积极主动参与任务，能与小组成员团结协作，能执行实训室"6S"规定。

2. 任务准备

1）知识准备：完成第二课电动车外后视镜的学习。

2）设备准备：汽车、汽车电气设备拆装工量具、演示课件（或操作视频）。

3. 任务步骤

1）老师演示或播放视频：拆装电动车外后视镜并检修。

2）学生练习拆装电动车外后视镜并检修（或老师演示时同步练习），同时完成《汽车电气设备构造与维修工作页》相应部分内容的填写。

4. 任务评价

任务评价内容及标准见表7-9。

表 7-9　任务评价内容及标准

序号	项目	操作内容	分值	评分标准	得分
1	准备	清点工量具、清理工位	5分	酌情扣分	
2	拆卸	拆卸电动车外后视镜	15分	操作不当扣1~15分	
3	检测	检测电动车外后视镜各部件	20分	操作不当扣1~20分	
4	安装	安装电动车外后视镜	15分	操作不当扣1~15分	
5	调整	调整电动车外后视镜	20分	操作不当扣1~20分	
6	完成时间	40min	10分	超时1~5min扣1~5分 超时5min以上扣10分	
7	安全文明	无安全隐患，无不文明操作	5分	未达标扣1~5分	
8	结束	工量具清洁归位	5分	漏一项扣1分，未做扣5分	
		工作场地清洁	5分	清洁不彻底扣1~5分，未做扣5分	
		总分	100分		

任务三　拆装电动车窗并检修

1. 任务目的描述

1) 能从全车电路图中识读出电动车窗电路。

2) 能完成电动车窗的拆装并检修排除故障。

3) 能积极主动参与任务，能与小组成员团结协作，能执行实训室"6S"规定。

2. 任务准备

1) 知识准备：完成第三课电动车窗的学习。

2) 设备准备：汽车、汽车电气设备拆装工量具、演示课件（或操作视频）。

3. 任务步骤

1) 老师演示或播放视频：拆装电动车窗并检修。

2) 学生练习拆装电动车窗并检修（或老师演示时同步练习），同时完成《汽车电气设备构造与维修工作页》相应部分内容的填写。

4. 任务评价

任务评价内容及标准见表7-10。

表7-10　任务评价内容及标准

序号	项目	操作内容	分值	评分标准	得分
1	准备	清点工量具、清理工位	5分	酌情扣分	
2	拆卸	拆卸电动车窗	20分	操作不当扣1~20分	
3	检测	检测电动车窗各部件	15分	操作不当扣1~15分	
4	安装	安装电动车窗	20分	操作不当扣1~20分	
5	复查	检查玻璃升降情况	15分	操作不当扣1~15分	
6	完成时间	80min	10分	超时1~5min扣1~5分 超时5min以上扣10分	
7	安全文明	无安全隐患，无不文明操作	5分	未达标扣1~5分	
8	结束	工量具清洁归位	5分	漏一项扣1分，未做扣5分	
		工作场地清洁	5分	清洁不彻底扣1~5分，未做扣5分	
总分			100分		

任务四　拆装中控门锁并检修

1. 任务目的描述

1) 能从全车电路图中识读出中控门锁电路。

2) 能完成中控门锁的拆装并检修排除故障。

3) 能积极主动参与任务，能与小组成员团结协作，能执行实训室"6S"规定。

2. 任务准备

1) 知识准备：完成第四课中控门锁的学习。

2) 设备准备：汽车、汽车电气设备拆装工量具、演示课件（或操作视频）。

3. 任务步骤

1）老师演示或播放视频：拆装中控门锁并检修。

2）学生练习拆装中控门锁并检修（或老师演示时同步练习），同时完成《汽车电气设备构造与维修工作页》相应部分内容的填写。

4. 任务评价

任务评价内容及标准见表7-11。

表 7-11　任务评价内容及标准

序号	项目	操作内容	分值	评分标准	得分
1	准备	清点工量具、清理工位	5 分	酌情扣分	
2	拆卸	拆卸中控门锁	20 分	操作不当扣 1~20 分	
3	检测	检测中控门锁各部件	15 分	操作不当扣 1~15 分	
4	安装	安装中控门锁	20 分	操作不当扣 1~20 分	
5	复查	进行维修后门锁复检	15 分	操作不当扣 1~15 分	
6	完成时间	80min	10 分	超时 1~5min 扣 1~5 分 超时 5min 以上扣 10 分	
7	安全文明	无安全隐患，无不文明操作	5 分	未达标扣 1~5 分	
8	结束	工量具清洁归位	5 分	漏一项扣 1 分，未做扣 5 分	
		工作场地清洁	5 分	清洁不彻底扣 1~5 分，未做扣 5 分	
	总分		100 分		

任务五　拆装电动风窗刮水/洗涤装置并检修

1. 任务目的描述

1）能从全车电路图中识读出电动风窗刮水/洗涤装置电路。

2）能完成电动风窗刮水/洗涤装置的拆装并检修排除故障。

3）能积极主动参与任务，能与小组成员团结协作，能执行实训室"6S"规定。

2. 任务准备

1）知识准备：完成第五课电动风窗刮水/洗涤装置的学习。

2）设备准备：汽车、汽车电气设备拆装工量具、演示课件（或操作视频）。

3. 任务步骤

1）老师演示或播放视频：拆装电动风窗刮水/洗涤装置并检修。

2）学生练习拆装电动风窗刮水/洗涤装置并检修（或老师演示时同步练习），同时完成《汽车电气设备构造与维修工作页》相应部分内容的填写。

4. 任务评价

任务评价内容及标准见表7-12。

表 7-12　任务评价内容及标准

序号	项目	操作内容	分值	评分标准	得分
1	准备	清点工量具、清理工位	5 分	酌情扣分	
2	拆卸	拆卸刮水器部件	10 分	操作不当扣 1~10 分	
3	检查	检查刮水器部件	10 分	操作不当扣 1~10 分	

（续）

序号	项目	操作内容	分值	评分标准	得分
4	安装	安装刮水器部件	10 分	操作不当扣 1~10 分	
5	拆卸	拆卸洗涤装置	10 分	操作不当扣 1~10 分	
6	检查	检查洗涤装置	10 分	操作不当扣 1~10 分	
7	安装	安装洗涤装置	10 分	操作不当扣 1~10 分	
8	复查	检查风窗刮水/洗涤装置	10 分	操作不当扣 1~10 分	
9	完成时间	120min	10 分	超时 1~5min 扣 1~5 分 超时 5min 以上扣 10 分	
10	安全文明	无安全隐患，无不文明操作	5 分	未达标扣 1~5 分	
11	结束	工量具清洁归位	5 分	漏一项扣 1 分，未做扣 5 分	
		工作场地清洁	5 分	清洁不彻底扣 1~5 分，未做扣 5 分	
	总分		100 分		

任务六　钥匙匹配

1. 任务目的描述

1）进一步熟悉汽车故障诊断仪的使用。

2）能独立完成钥匙的匹配工作。

3）能积极主动参与任务，能与小组成员团结协作，能执行实训室"6S"规定。

2. 任务准备

1）知识准备：完成第六课电子防盗系统与钥匙匹配的学习。

2）设备准备：汽车、汽车故障诊断仪、演示课件（或操作视频）。

3. 任务步骤

1）老师演示或播放视频：钥匙匹配。

2）学生练习钥匙匹配（或老师演示时同步练习），并完成《汽车电气设备构造与维修工作页》相应部分内容的填写。

4. 任务评价

任务评价内容及标准见表 7-13。

表 7-13　任务评价内容及标准

序号	项目	操作内容	分值	评分标准	得分
1	准备	清点工量具、清理工位	5 分	酌情扣分	
2	安装	关闭点火开关，安装汽车故障诊断仪	20 分	操作不当扣 1~20 分	
3	插入	插入钥匙，接通开关	15 分	操作不当扣 1~15 分	
4	匹配	打开汽车故障诊断仪，进入汽车故障诊断	20 分	操作不当扣 1~20 分	
5	检查	用重新授权钥匙起动车辆	15 分	操作不当扣 1~15 分	

（续）

序号	项目	操作内容	分值	评分标准	得分
6	完成时间	40min	10分	超时1~5min扣1~5分 超时5min以上扣10分	
7	安全文明	无安全隐患，无不文明操作	5分	未达标扣1~5分	
8	结束	工量具清洁归位	5分	漏一项扣1分，未做扣5分	
		工作场地清洁	5分	清洁不彻底扣1~5分，未做扣5分	
	总分		100分		

任务七　检修空调制冷系统

1. 任务目的描述

1）能找出空调系统各部件在车上的位置。

2）能规范进行空调制冷系统的清扫补给作业。

3）能积极主动参与任务，能与小组成员团结协作，能执行实训室"6S"规定。

2. 任务准备

1）知识准备：完成第七课汽车空调系统的学习。

2）设备准备：汽车、汽车电气设备拆装工量具、演示课件（或操作视频）。

3. 任务步骤

1）老师演示或播放视频：检修空调制冷系统。

2）学生练习检修空调制冷系统（或老师演示时同步练习），并完成《汽车电气设备构造与维修工作页》相应部分内容的填写。

4. 任务评价

任务评价内容及标准见表7-14。

表7-14　任务评价内容及标准

序号	项目	操作内容	分值	评分标准	得分
1	准备	清点工量具、清理工位	5分	酌情扣分	
2	检漏	制冷剂泄漏检查	10分	操作不当扣1~10分	
3	回收	制冷剂回收	10分	操作不当扣1~10分	
4	抽真空	初次抽真空及保压1min	10分	操作不当扣1~10分	
5	加冷冻机油	加注冷冻机油	10分	操作不当扣1~10分	
6	再次抽真空	抽真空时间5min	10分	操作不当扣1~10分	
7	加注	定量加注制冷剂	10分	操作不当扣1~10分	
8	检测	空调性能检测	10分	操作不当扣1~10分	
9	完成时间	160min	10分	超时1~5min扣1~5分 超时5min以上扣10分	
10	安全文明	无安全隐患，无不文明操作	5分	未达标扣1~5分	
11	结束	工量具清洁归位	5分	漏一项扣1分，未做扣5分	
		工作场地清洁	5分	清洁不彻底扣1~5分，未做扣5分	
	总分		100分		

巩固与提高

一、填空题

1. 电动座椅由_____、_____和_____等组成。

2. 电动座椅一个电动机可以实现_____个不同方向的位置调节。

3. 电动车外后视镜由_____和_____两部分组成。

4. 电动车窗可使驾驶人或乘员坐在座位上，利用开关使车门玻璃_____。

5. 中控门锁主要由_____、_____和_____组成。

6. 钥匙匹配过程有_____使用和_____使用两种类型。

7. 汽车空调系统是实现对车厢内空气进行_____、_____、_____和空气净化的装置。

8. 汽车空调制冷系统由_____、冷凝器、储液干燥器、_____和蒸发器等总成组成。

9. 制冷剂在制冷系统中经过压缩、_____、节流、_____四个基本过程完成一个制冷循环。

二、单项选择题

1. 刮水臂停止几秒自动刮水一次，刮水器所处的档位是（　　　）。

A. 点动档　　　　B. 间歇档　　　　C. 低速档　　　　D. 高速档

2. 为了使丢失的防盗钥匙失效，需要（　　　）。

A. 对其他所有合法钥匙重新匹配　　　B. 更换防盗器控制单元

C. 更换新的智能钥匙　　　　　　　　D. 更换收发线圈

3. 为汽车空调制冷系统提供动力的是（　　　）。

A. 电动机　　　　B. 发动机　　　　C. 发电机　　　　D. 蓄电池

4. 对车内空气进行降温和除湿的空调系统是（　　　）。

A. 通风装置　　　B. 供暖装置　　　C. 制冷系统　　　D. 空气净化装置

5. 空调制冷回路中，能提高制冷剂压力的元件是（　　　）。

A. 空调压缩机　　B. 膨胀阀　　　　C. 蒸发器　　　　D. 冷凝器

6. 空调制冷时，制冷剂从压缩机流向的下一个部件是（　　　）。

A. 膨胀阀　　　　B. 鼓风机　　　　C. 蒸发器　　　　D. 冷凝器

7. 空调制冷时，制冷剂在蒸发器中（　　　）。

A. 凝结成液态，吸收热量　　　　　　B. 凝结成液态，放出热量

C. 蒸发成气态，吸收热量　　　　　　D. 蒸发成气态，放出热量

8. 汽车空调系统中需要定期更换的部件是（　　　）。

A. 蒸发器　　　　B. 冷凝器　　　　C. 压缩机　　　　D. 空调滤清器

三、判断题

1. 电动车窗通过电动机驱动玻璃升降器。（　　　）

2. 驾驶人侧电动车窗开关不能控制后排车窗玻璃的升降。（　　　）

3. 驾驶人可以通过中央控制门锁系统解锁或闭锁所有车门。（　　　）

4. 当关闭刮水器开关时，刮水片回到初始位置。（　　　）

5. 汽车防盗系统的智能钥匙保存有防盗密码。（　　　）

6. 汽车空调供暖系统需要压缩机工作。（　　　）

四、按要求做题

图 7-51 所示为汽车空调制冷循环的组成图。

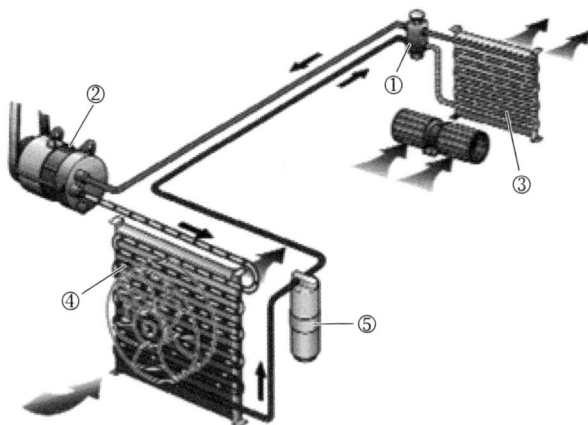

图 7-51 汽车空调制冷循环的组成图

请从图 7-51 中找出部件名称对应的序号，填写在下表中对应的位置上。

名称	序号
压缩机	
冷凝器	
膨胀阀	
储液干燥器	
蒸发器	

学习目标

知识目标

1. 了解整车电路中常用图形符号、有关标志等内容。
2. 掌握整车电路的特点。
3. 掌握识读汽车电路图的方法。

技能目标

1. 具备分析整车电路的能力。
2. 能根据电路图查找电气设备在车上的位置。

情感目标

培养学生诚实守信的品质以及传承匠人精神。

典型工作任务

识读汽车电路图并查找电气设备在车上的位置。

知识准备

第一课 汽车电路图的种类

汽车电路图就是将汽车电气设备电路图用图形表达的一种方式。由于文字、技术标准等差异，各汽车生产厂家在汽车电路图的绘制、符号标注等方面不尽相同。汽车电路图有接线图、线束图、电路图和电路原理图等。

一、接线图

接线图是一种专门用来标记接线与插接器的实际位置、色码和线型等信息的指示图，专门用于检修时查询线束走向、电路故障及电路复原，并不论及所连电器的工作原理及型号，如图 8-1 所示。接线图可以是整车电路的接线图，也可以是子系统的接线图，该图的缺点是不便于进行电路分析。

二、电路原理图

电路原理图是根据国家颁布的有关技术标准，用图形符号、文字符号，以统一规定的方法，把电路画在图样上，也称为电路图或电气电路图，如图 8-2 所示。电路原理图是电气技术中使用最广泛的一种重要的电路简图，具有电路清晰、简单明了，便于分析系统的工作原理和进行故障诊断的特点。

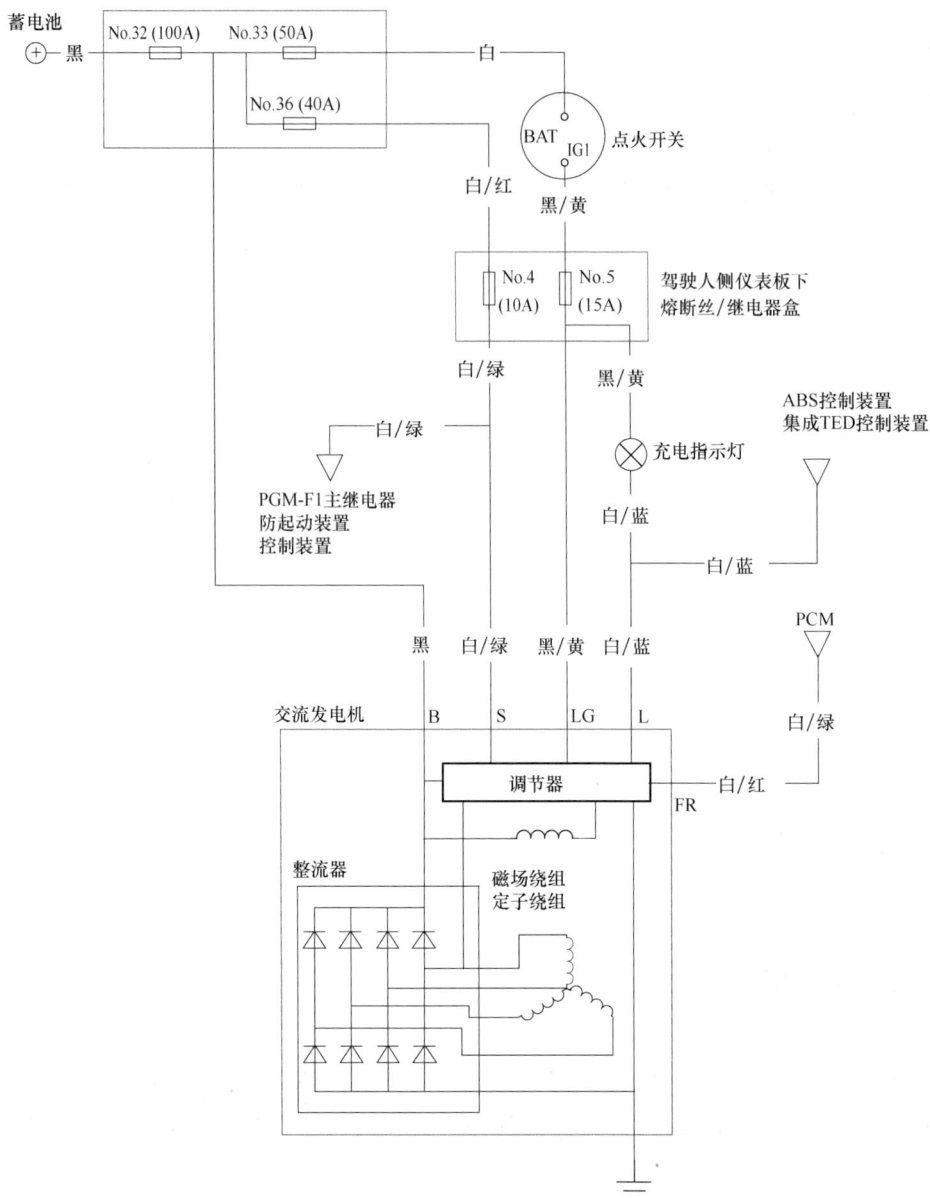

图 8-1　充电系统的接线图

三、电路图

电路图是将所有汽车电器按车上的实际位置，用相应的外形简图或原理简图画出来，并用线条一一连接起来，如图 8-3 所示。电路图中电器部件的外形和安装位置都与实际情况相同，很方便查线，但读图不方便，只适用于汽车电器部件少、电路连接简单的传统汽车。

四、线束图

线束图是能反映线束走向和有关导线颜色、接线柱编号等内容的电路图，如图 8-4 所示。只要将导线或插接器按图上标明的序号，连接到相应的电器接线柱或插接器上，便完成了全车电路的连接，这种图给安装和维修带来了极大的方便。该图的特点是不说明电路的走向和原理，电路简单。线束图与电路原理图、接线图结合起来使用，具有很大的参考价值。

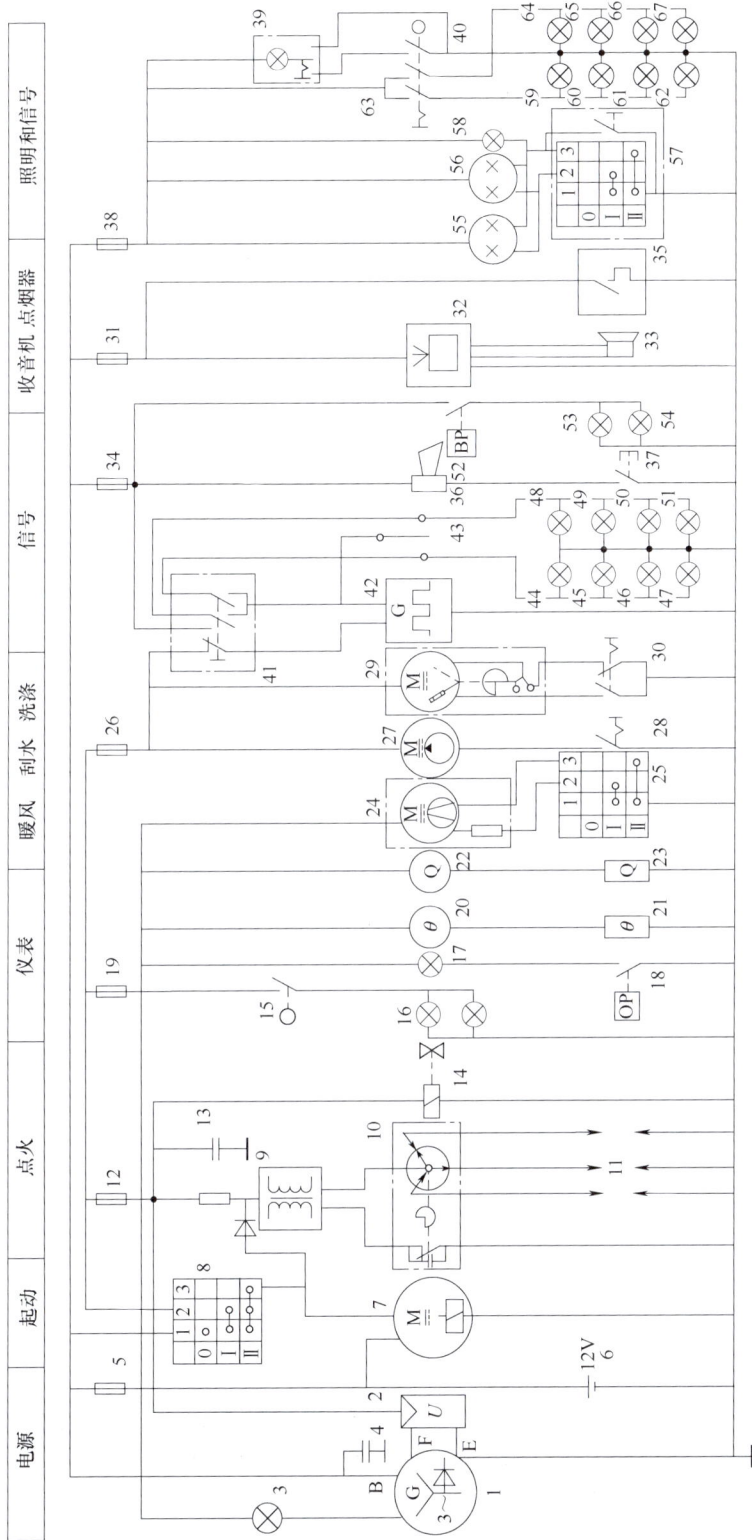

图 8-2 微型汽车电气系统电路原理图

1—发电机 2—电压调节器 3—充电指示灯 4、13—防干扰电容器 5—总熔断器（40A） 6—蓄电池 7—起动机 8—点火开关 9—点火线圈 10—分电器 11—火花塞 12、19、26、31、34、38—熔断器 14—燃油截止电磁阀 15—倒车灯开关 16—倒车灯 17—油压警告灯 18—油压开关 20—冷却液温度表 21—冷却液温度传感器 22—燃油表 23—燃油表传感器 24—暖风电动机 25—暖风开关 27—洗涤器电动机 28—洗涤器开关 29—刮水器电动机 30—刮水器开关 32—收音机 33—扬声器 35—点烟器 36—电喇叭 37—电喇叭按钮 39—带开关的室内灯 40—门控开关 41—转向与危险报警开关 42—闪光器 43—转向指示灯 44—左转向指示灯 45~47—左转向信号灯 48—右转向指示灯 49~51—右转向信号灯 52—制动信号灯 53、54—制动灯开关 55、56—前照灯 57—前照灯开关 58—远光指示灯 59、60—后示位灯 61、62—前示位灯 63—示位灯开关 64、65—仪表照明灯 66、67—牌照灯

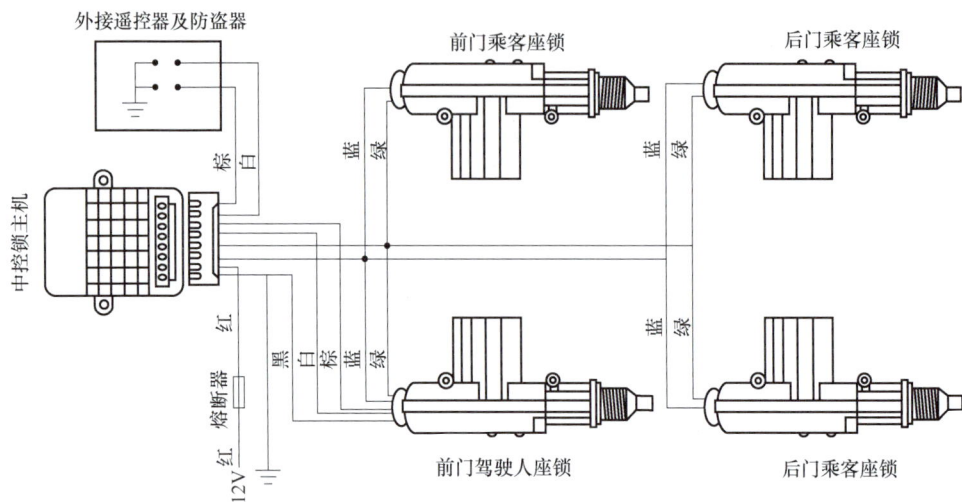

图 8-3　电路图

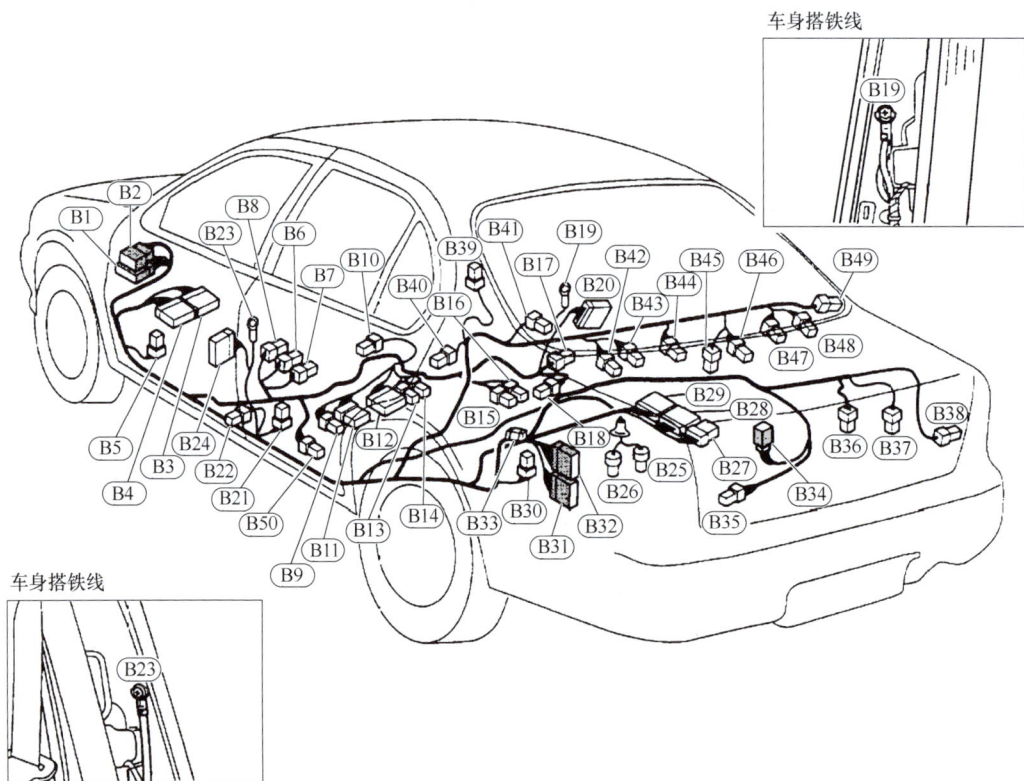

图 8-4　线束图

第二课　识读汽车电路图的方法

汽车电器的通用性和专业化生产使同一国家汽车的整车电路形式大致相同,如掌握了东风汽车电路的特点,就可以大致了解解放牌、跃进等国产汽车电路的特点;掌握了日产丰田等汽车电路的特点,就基本了解日本汽车电路的特点;掌握了桑塔纳汽车电路的特点,就大致了解西欧汽车电路的特点。因此，抓住几个典型电路，掌握各系统的接线特点和原则，对于了解其他车型的电路大有好处。

一、识图的一般方法

当拿到一张汽车电路图，大多是接线图或电路原理图，无论它是哪一种电路图，一般都是线条密集、纵横交错、头绪多而杂，不容易看懂。在认识了汽车电路图中的图形符号及有关标志，了解了汽车电路图的种类以后，可以按照以下方法对整车电路图进行阅读：

1）先看全图，把一个个单独的系统框出来。一般来讲，各电气系统的电源和电源总开关是公共的，任何一个系统都应该是一个完整的电路，都应遵循回路原则。回路指的是任何一个完整的电路都由电源、用电器、开关和导线等组成。一个用电器要想正常工作，总要得到电能。对于直流电路而言，电流总是要从电源的正极出发，通过导线，经熔断器、开关到达用电器，再经过导线（或搭铁）回到同一电源的负极，在这一过程中，只要有一个环节出现错误，此电路就不会正确与有效。

2）分析各系统的工作过程、相互间的联系。在分析某个电气系统之前，要清楚该电气系统所包含各部件的功能、作用和技术参数等。在分析过程中应特别注意开关、继电器触点的工作状态，大多数电气系统都是通过开关、继电器的不同工作状态来改变回路，实现不同功能的。

3）通过对典型电路图的分析，达到触类旁通。许多车型汽车电路原理图的很多部分都是类似或相近的。这样，通过一个具体的例子，举一反三，对照比较，触类旁通，可以掌握一些共同的规律，再以这些共性为指导，了解其他型号汽车的电路原理，又可以发现更多的共性以及各种车型之间的差异。

二、典型汽车电路图的识读

1. 解放 CA1092 型汽车电路图的识读

解放 CA1092 型汽车电路图（局部）如图 8-5 所示，下面对电源电路进行分析。

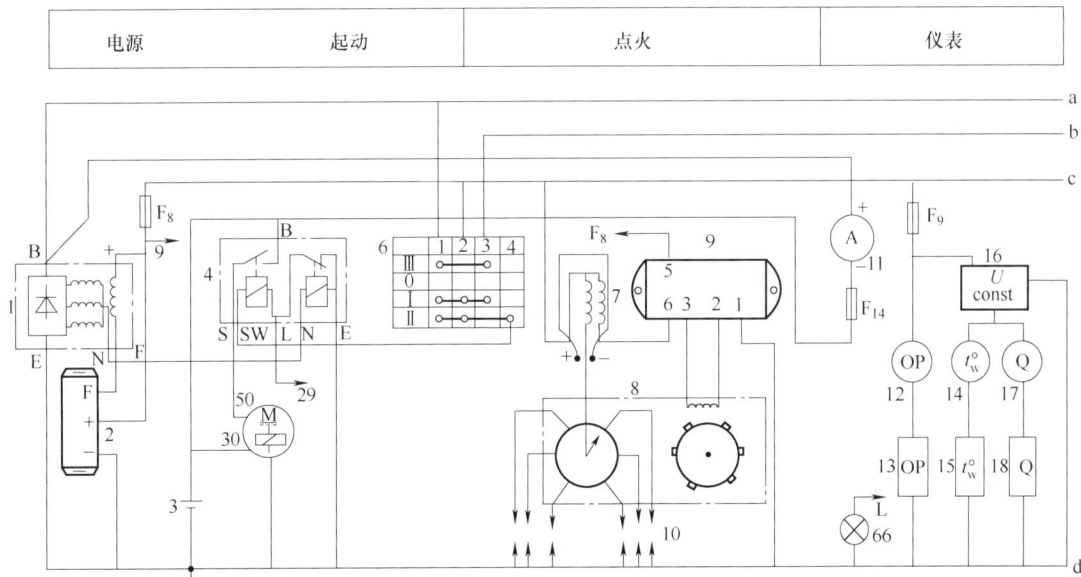

图 8-5　解放 CA1092 型汽车电路图（局部）

1—交流发电机　2—电压调节器　3—蓄电池　4—组合继电器　5—起动机　6—点火开关　7—点火线圈
8—分电器　9—点火电子组件　10—火花塞　11—电流表　12—油压表　13—油压表传感器
14—冷却液温度表　15—冷却液温度表传感器　16—稳压器　17—燃油表　18—燃油表传感器

电源电路的特点如下：

1）发电机带有中性点接线柱 N。中性点电压用于控制充电指示灯的工作，充电指示灯熄灭，表示发电机工作正常。

2）蓄电池的充电和放电电流的大小由电流表指示。电流表指针摆向"＋"侧，表明发电机给蓄电池充电，电流表的指针摆向"－"侧，表明蓄电池放电。

3）发电机励磁电流由点火开关控制。

4）硅整流发电机为外搭铁，与晶体管调节器配套使用。

2. 桑塔纳 2000GSi 轿车电路图的识读

桑塔纳 2000GSi 轿车蓄电池、交流发电机、起动机电路图如图 8-6 所示，电路图的特点如下：

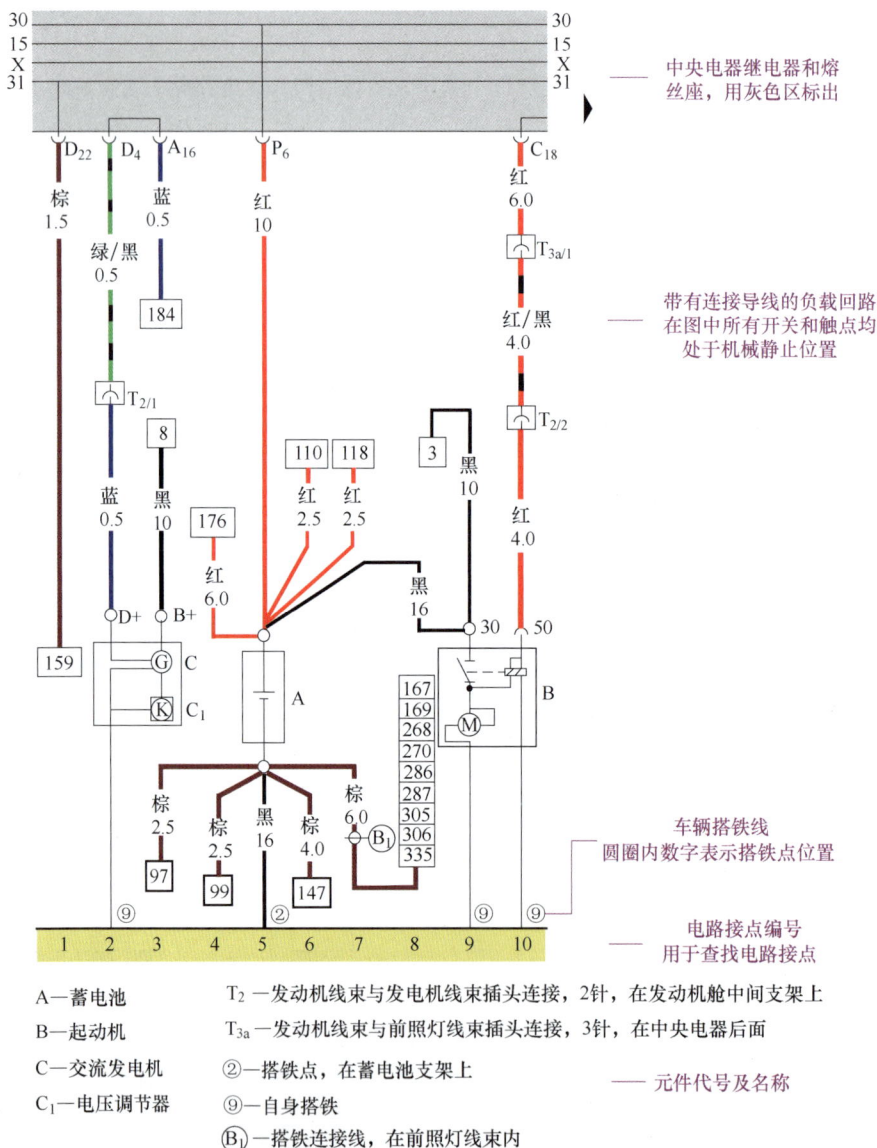

A—蓄电池　　　　　　 T_2 —发动机线束与发电机线束插头连接，2 针，在发动机舱中间支架上

B—起动机　　　　　　 T_{3a} —发动机线束与前照灯线束插头连接，3 针，在中央电器后面

C—交流发电机　　　　②—搭铁点，在蓄电池支架上

C_1 —电压调节器　　　⑨—自身搭铁

　　　　　　　　　　　Ⓑ₁—搭铁连接线，在前照灯线束内

图 8-6　桑塔纳 2000GSi 轿车蓄电池、交流发电机、起动机电路图

1）电路图分为上、中、下三个部分。最上面部分为中央继电器盒电路，其中标明了熔断器的位置及容量和继电器位置编号及端子号等；中间部分是车上的电气元件及连线；最下面的横线是

搭铁线。

2）电路采用纵向排列，垂直布置。电源线为上"+"下"–"，从左到右同一系统的电路归纳到一起。电流方向基本上是从上到下，电流流向为电源正极→保护装置→开关→用电器→搭铁→电源负极，形成简明的完整回路。

3）采用断线代号法解决交叉问题。在电路图中，用导线连接端方框内的数字表明电路中与其连接导线的电路编号，如 8 表示与电路编号8处的导线连接。

4）汽车电气系统电源正极分为三路（30、15、X）。"30"为常相线，直接接蓄电池正极，不受任何开关控制；"15"为受点火开关控制的相线，只有当点火开关接通后，该相线才有电；"X"为点火开关经中间继电器控制的相线。

5）许多重要电器的搭铁线都直接与蓄电池的负极连接。标有①的为仪表线束搭铁线的搭铁点，在中央电路板的支架上；标有②、③、④的为发动机线束搭铁线的搭铁点，在蓄电池支架上；标有⑦的为后灯线束搭铁线的搭铁点，在中央电路板的支架上；标有⑨的为汽车电器自身搭铁；31为中央继电器盒的搭铁线。在电路图中①、②、③、④、⑦与31都为搭铁线。

任务实施

任务　识读汽车电路图并查找电气设备在车上的位置

1. 任务目的描述

1）进一步熟悉识读汽车电路图的步骤。

2）能根据电路图查找电气设备在车上的位置。

3）能积极主动参与任务，能与小组成员团结协作，能执行实训室"6S"规定。

2. 任务准备

1）知识准备：完成第一课汽车电路图的种类和第二课识读汽车电路图的方法的学习。

2）设备准备：实训汽车（含整车电路图）、演示课件（或操作视频）。

3. 任务步骤

1）老师演示或播放视频：识读汽车电路图并查找电气设备在车上的位置。

2）学生练习识读汽车电路图并查找电气设备在车上的位置（或老师演示时同步练习），同时完成《汽车电气设备构造与维修工作页》相应部分内容的填写。

4. 任务评价

任务评价内容及标准见表8-1。

表8-1　任务评价内容及标准

序号	项目	操作内容	分值	评分标准	得分
1	准备	清点工量具、清理工位	5分	酌情扣分	
2	读图	识读实训汽车整车电路图	25分	操作不当扣1~25分	
3	查找	查找电源系统	15分	操作不当扣1~15分	
		查找用电设备	15分	操作不当扣1~15分	
		查找配电装置	15分	操作不当扣1~15分	
4	完成时间	160min	10分	超时1~5min扣1~5分 超时5min以上扣10分	

（续）

序号	项目	操作内容	分值	评分标准	得分
5	安全文明	无安全隐患，无不文明操作	5 分	未达标扣 1~5 分	
6	结束	工量具清洁归位	5 分	漏一项扣 1 分，未做扣 5 分	
		工作场地清洁	5 分	清洁不彻底扣 1~5 分，未做扣 5 分	
		总分	100 分		

巩固与提高

图 8-7 所示为桑塔纳 2000 灯光开关和卸荷继电器电路图。

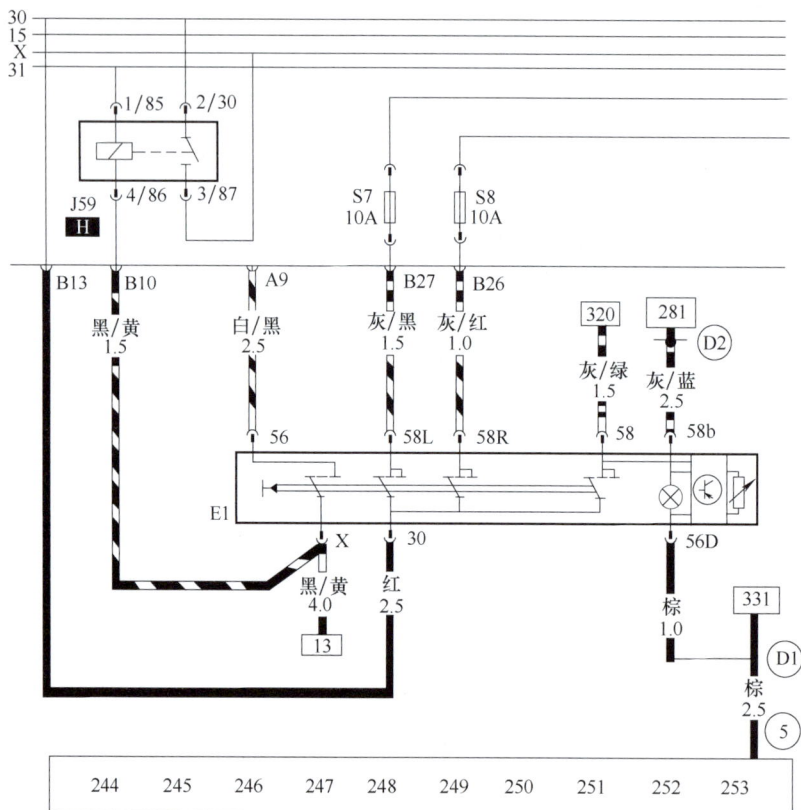

图 8-7 桑塔纳 2000 灯光开关和卸荷继电器电路图

请根据图 8-7 所示回答以下问题：

1）灯光开关 E1 的常供电端子是_____。

2）灯光开关 E1 的 56 端子所接导线的截面面积是_____ mm²，导线颜色是_____色。

3）熔丝 S7 的最大电流是_____ A。

4）继电器 J59 工作时，"1/85"接负极，"4/86"应接_____极。

参 考 文 献

［1］倪爱勤，庞志康. 汽车电气［M］. 2 版. 北京：机械工业出版社，2017.

［2］肖宏. 汽车电气结构与拆装［M］. 北京：机械工业出版社，2016.

［3］于明进，于光明. 汽车电气设备构造与维修［M］. 3 版. 北京：高等教育出版社，2023.

［4］姜京花. 汽车电气设备构造与维修［M］. 北京：人民交通出版社，2005.